Kreuzstichalphabete

Alte Musterblätter

neu aufgelegt

im Verlag für die Frau

Kreuzstichalphabete

Monogramme und Ornamente

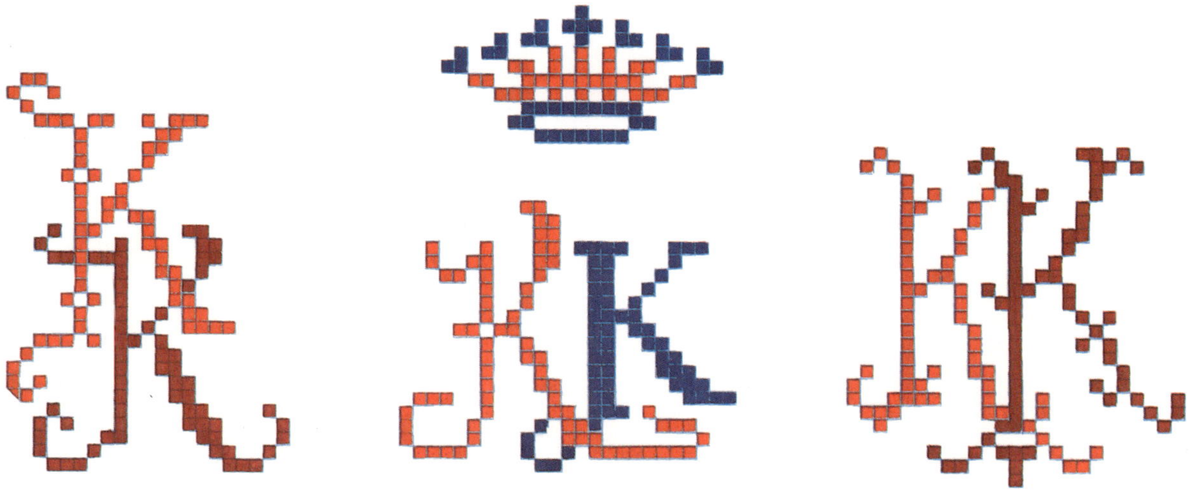

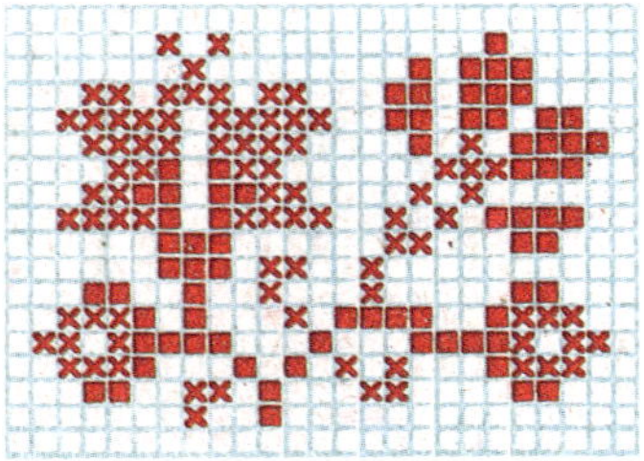

ISBN 3-7304-0395-8

Texte: Evelin Müller
Typographie und Einband: Lore Jacobi
Titelfoto: Uwe Hämsch
Lektorat: Christa Winkelmann
Satz: TypoLiner GmbH Leipzig
Reproduktion, Druck und Binden: Sebald Sachsendruck Plauen
Printed in Germany

Als Vorlagen wurden genutzt:

Vorlagen zum Wäschezeichnen
von Anna Messerschmidt. Leipzig, o. J. (S. 10–21)

Alphabete und Muster zum Wäschezeichnen und Sticken
von Selma Schöne, erneuert von Clara Schöne
Selbstverlag, Leipzig, o. J. (S. 22–39)
(beide aus dem Besitz von Rosemarie Adler, Potsdam)

Monogramm-Extra-Beilage
zu »Große Modenwelt«, Jahrgang 1899/1900 (S. 40–48)

Inhalt

Gestickte Buchstabenvielfalt 6
Kleiner Sticklehrgang 7
Musterteil 10

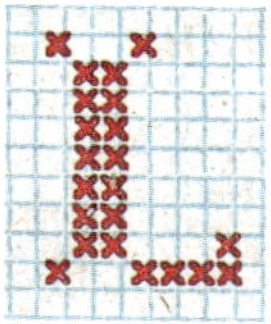

Liebenswert schlicht:
Buchstaben und Wäscheverzierungen 10

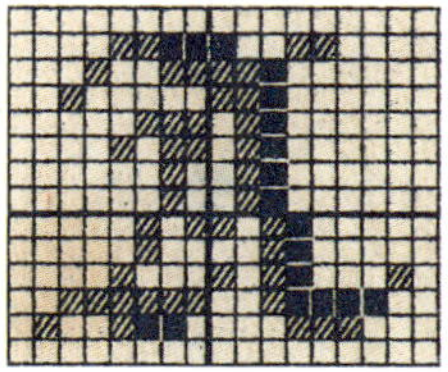

Alphabete, Sinnsprüche, Kanten –
alles für die Wäsche 22

Harmonie in Vollendung:
Monogramme 40

Gestickte Buchstabenvielfalt

Zählmuster für Kreuzstichalphabete waren in der Vergangenheit sehr gefragt, um Bett-, Tisch- und Leibwäsche für die Aussteuer mit dem Namenszug zu kennzeichnen. Beliebt waren auch gestickte Spruchbänder und Sinnsprüche auf Haushaltswäsche.

Im obligatorischen Handarbeitsunterricht lernten Mädchen Mustertücher mit Alphabeten, Zahlen und Monogrammen zu besticken. Es war ein Wetteifern nach immer originellerem Ausgestalten der Wäsche und damit ein großer Bedarf an Zierschriften. So entstand ein vielgenutzter Vorrat an Zählvorlagen. Diese Blätter, Hefte und Bücher gingen oft über Generationen von Hand zu Hand, sie wurden verschlissen und aufgebraucht. Es ist an der Zeit, diesen Mustervorrat für heute und später zu bewahren, um Ideenreichtum, Fleiß und Fingerfertigkeit unserer Vorfahren nicht in Vergessenheit geraten zu lassen.

Die Alphabete der Leipziger Handarbeitslehrerin Anna Messerschmidt und von Selma Schöne, Oberlehrerin für Frauenberufe in Leipzig, waren schon um 1900 »Bestseller« und in mehr als einem Dutzend Auflagen erschienen. Sie bezaubern durch klare, ausdrucksvolle Formen und wirken sowohl einfarbig wie auch Ton in Ton oder mehrfarbig gestickt.

Die im letzten Abschnitt des Musterteils aufgenommenen Monogramme ergänzen diese beliebten Zählvorlagen mit kunstvollen Monogrammvorschlägen aus der Extra-Beilage zur »Großen Modenwelt« von 1899 und 1900. Diese Buchstabenverschlingungen, die aus den Initialen des Vor- und Zunamens bestehen, sind besonders wirkungsvoll. Ein Monogramm soll originell, räumlich ausgewogen und vor allem lesbar sein, damit es nicht wie ein Rätsel geraten werden muß.

Monogramme sind auch heute wieder gern genutzte Verzierungen für Kleidung, Wäsche, Tischbänder, Bilder …

Kleiner Sticklehrgang

Kreuzstich ist eine der bekanntesten Techniken, beliebt bei jung und alt. Material und Technik sind schnell beschrieben.

Das Material

Stoffe

Gestickt wird der Kreuzstich auf zählbarem Gewebe mit Leinen- oder Aidabindung. Bei letzterer sind die Fadengruppen vorgegeben (z. B. Damastdecken mit vorbereiteter Stickfläche). Bei leinenbindigen groben Stoffen – wie Hardangerstoff (8 Fäden/cm) – wird über einen Gewebefaden gestickt, bei feineren Stoffen über 2 oder 3 Fäden.
Wichtig: Die Anzahl der Gewebefäden, die überstickt wird, muß immer in Höhe und Breite gleich sein.
Früher war es üblich, auf feinfädigem, nicht zählbarem Stoff über eine Straminauflage zu sticken. Das ist etwas mühselig, aber dennoch möglich. Nach Fertigstellen der Stickerei werden die Straminfäden vorsichtig ausgezogen.

Garne

Die gebräuchlichsten Garne sind Sticktwist, dessen Fäden geteilt und 1- bis 6fädig verarbeitet werden können, sowie Perlgarn für Hardangerstoff in den Stärken 5 oder 8. Für sehr feine Stickereien kann das »Blumenstickgarn« (MEZ Nordin, Dänisches Blomstergarn) benutzt werden.

Zählmuster
Als Vorlage dient das Zählmuster: Ein Zeichen entspricht einem zu stickenden Kreuz. Wie groß allerdings das Stickbild wird, hängt von der Gewebestruktur ab.

Hilfsmittel
Sie benötigen eine Stickschere, einen Stickrahmen zum Spannen des Stoffes, damit die Stickerei nicht zusammengezogen wird, und eine Nadel mit breitem Öhr und stumpfer Spitze. Diese Sticknadeln gibt es in unterschiedlichen Stärken, Nr. 22 oder 24 sind üblich.
Gewebestruktur, Sticknadel und Stickgarn müssen zueinander passen. Fertigen Sie immer erst eine Stickprobe an, so können Sie entscheiden, welches Garn am besten zum Stoff paßt und über wieviele Gewebefäden gestickt wird.
Die Kreuzchen sollen klar auf dem Stoff zu erkennen sein, auf der bestickten Fläche soll weder zuviel Grundstoff durchschimmern noch soll das Gewebe völlig bedeckt sein.

Abb. 1 und 2

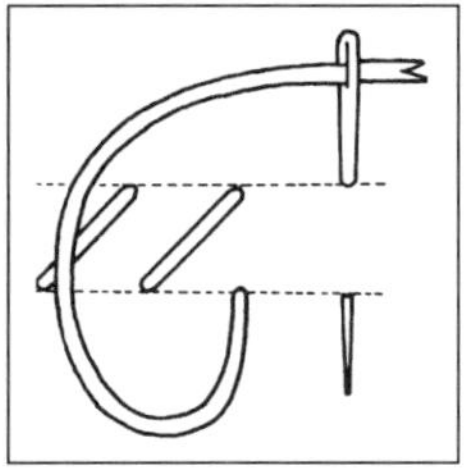

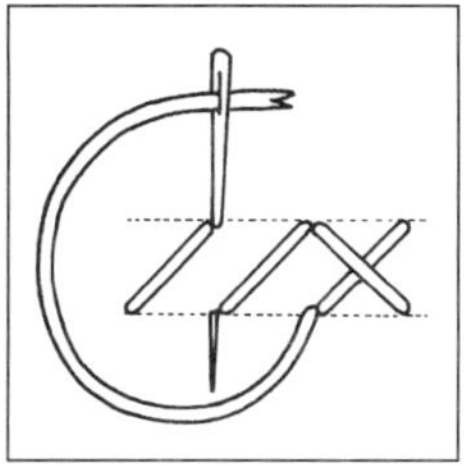

Die Technik

Gestickt wird in Hin- und Rückreihen, d. h. in der ersten Reihe führen alle Stiche von links unten nach rechts oben, in der Rückreihe von rechts unten nach links oben (siehe Abb. 1 und 2), so daß die Rückstiche in die gleichen Einstichstellen wie die Hinstiche treffen. Es wird reihenweise gearbeitet, auch bei unterbrochenen Mustern mit kleinen Zwischenräumen. Einzelstehende Kreuze werden gleich fertig gestickt.
Achtung: Die Spannfäden auf der Rückseite sollten nicht zu lang sein.

Der Anfang

Bei größeren Mustern beginnt man die Stickerei in der Mitte des Stoffstücks und arbeitet das Muster erst nach rechts hin, dann die zweite Hälfte nach links, damit es beidseitig gleichbreite Ränder ergibt. Bei kleinen Einzelmotiven stickt man gleich an Ort und Stelle.
Die Stickerei wird ohne Knoten begonnen – den Faden läßt man auf der Stoffrückseite hängen und versticht ihn, wenn mehrere Kreuzchen gestickt sind. Liegen die Farben im Motiv weit auseinander, wird der Faden verstochen und neu begonnen.

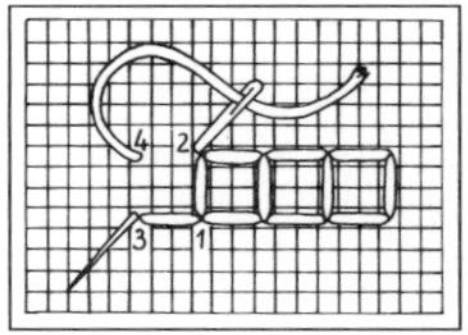

Abb. 3

Das Ende

Die fertige Stickerei wird auf der Rückseite eventuell unter Dampf gebügelt.

Der Holbeinstich

Auf den Seiten 17, 28, 31 und 34 ff. finden Sie Kreuzstichmuster mit Holbeinstichen. Der Holbeinstich ist ein Linienstich, der als laufende Linie (mit Verzweigungen) oder Kästchenfolge gearbeitet werden kann. Man stickt Vorstiche, und es entsteht eine lückenhafte Linie, die durch die zurückführenden Vorstiche geschlossen wird.
Abbildung 3 zeigt das Arbeiten einer geraden Kästchenreihe: Bei 1 ausstechen, bei 2 einstechen, bei 3 aus-, bei 1 ein-, bei 4 aus-, bei 2 ein-, bei 3 ausstechen. Von 1 an wiederholen.
Die Abbildungen 4a und 4b zeigen die Arbeitsschritte bei einer aufsteigenden Kästchenreihe.

Abb. 4
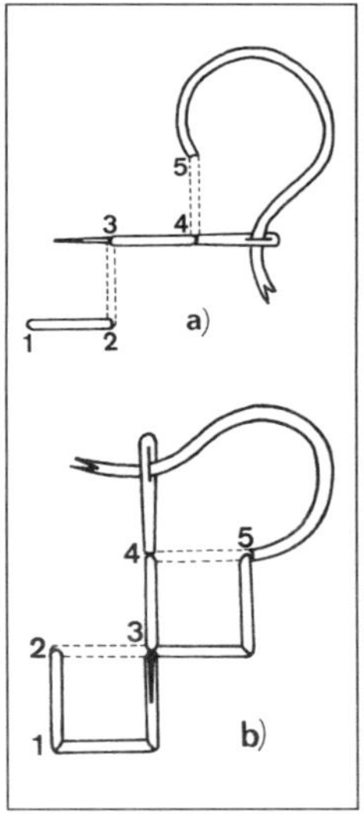

Kreuzstichbuchstaben wurden früher gern mit kochfestem rotem und weißem Leinen- oder Baumwollgarn gestickt.

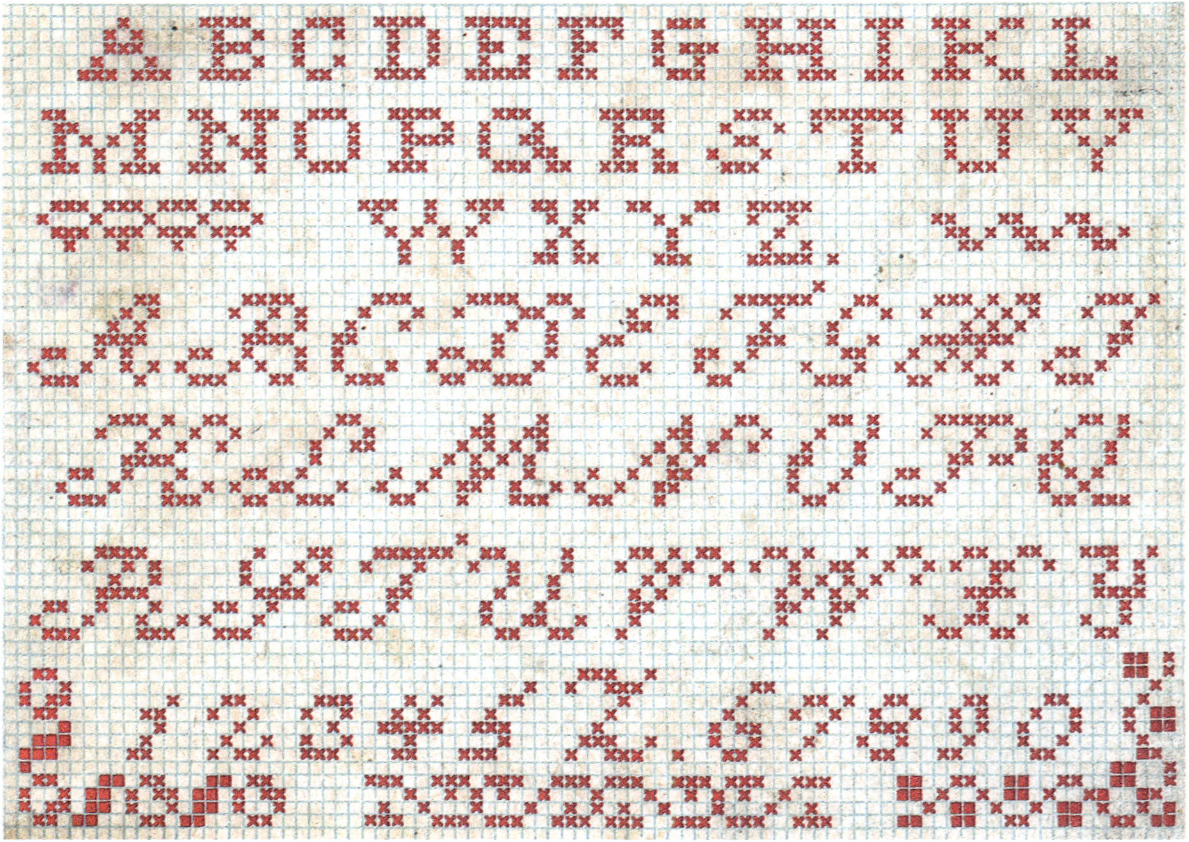

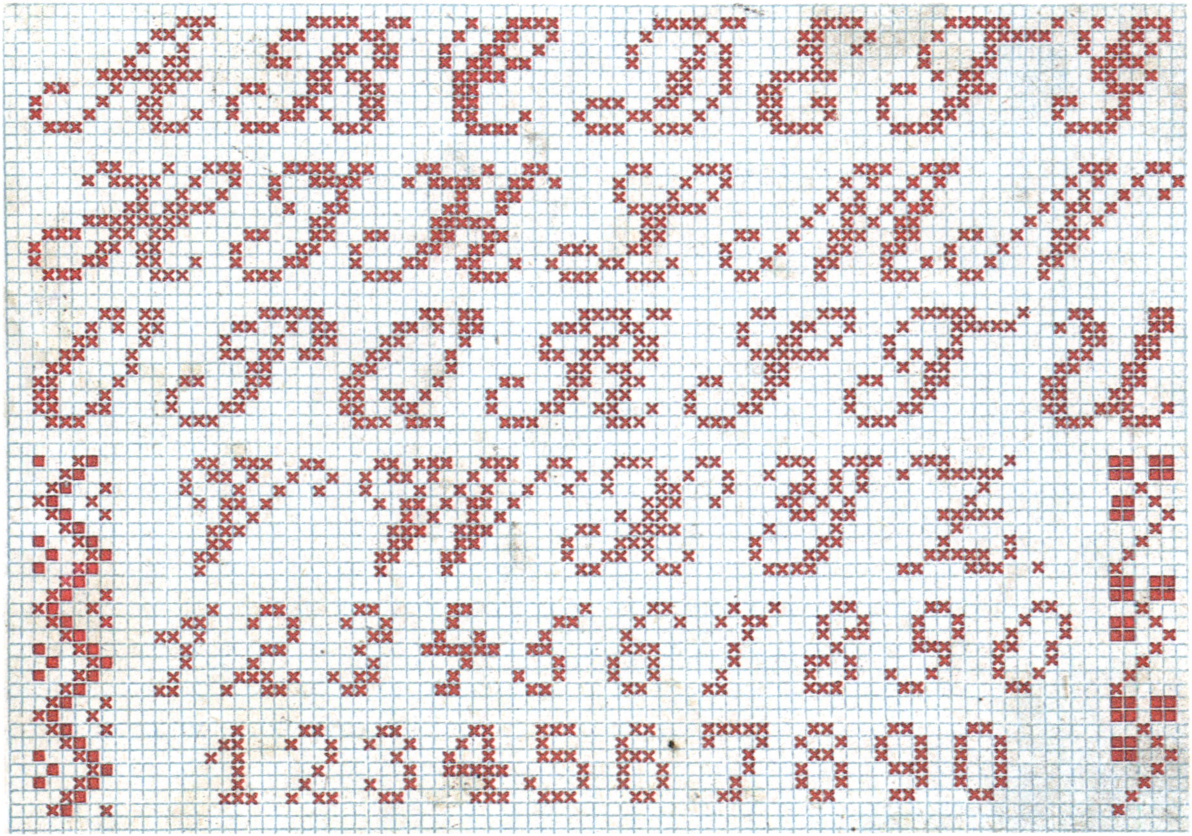

Zierschriften aus der Buch- und Schriftgestaltung wurden in den rastergebundenen Kreuzstich übertragen und dabei oft abgewandelt.

Groß- und Kleinbuchstaben – einfache lateinische Schrift

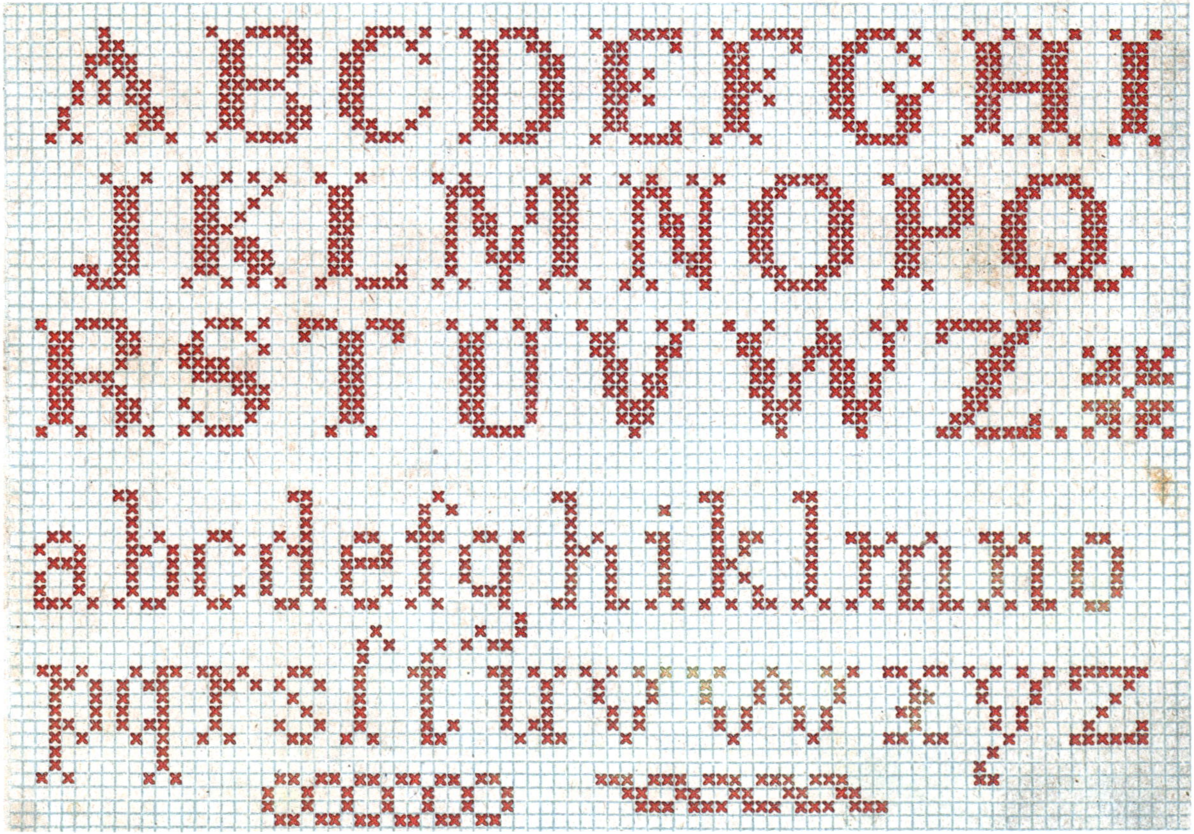

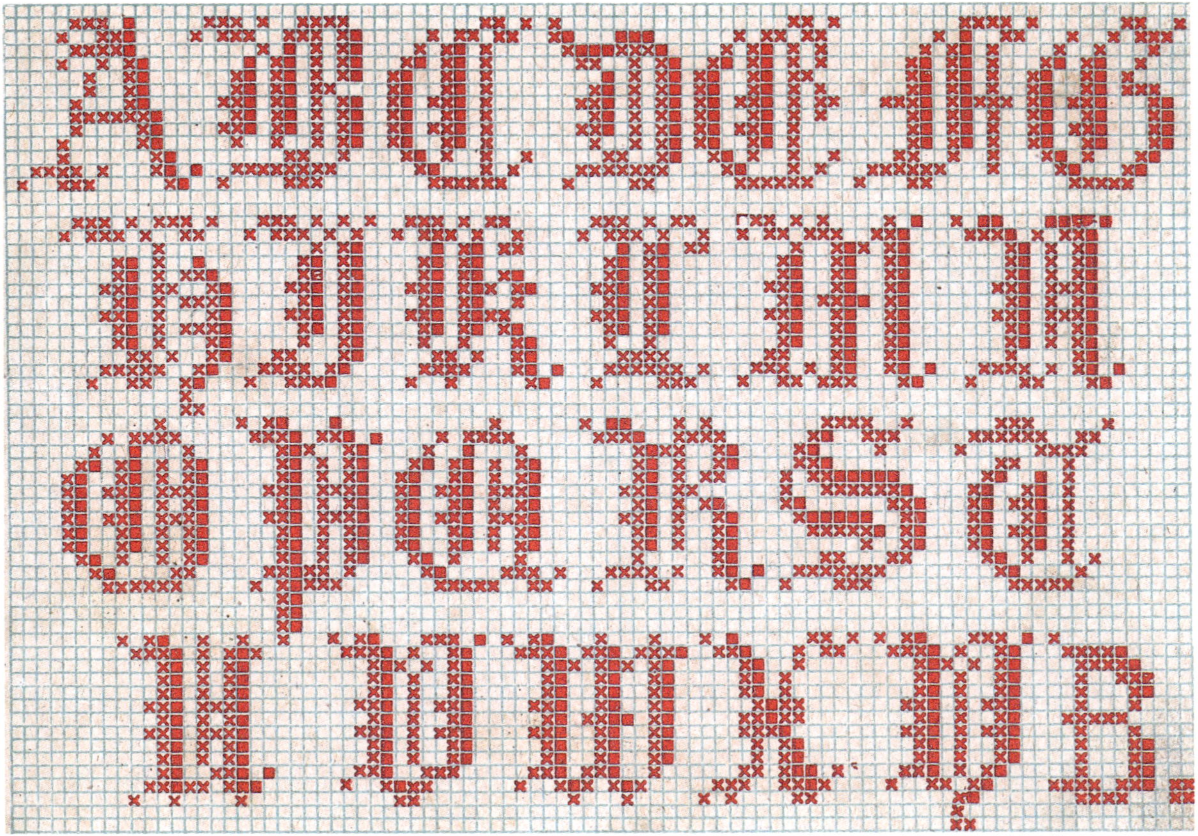

Großbuchstaben in zwei Farben oder Farbtönen – moderne Fraktur

Versalien (Großbuchstaben) von A bis O in zwei Farben, über 15 Kästchen gestickt

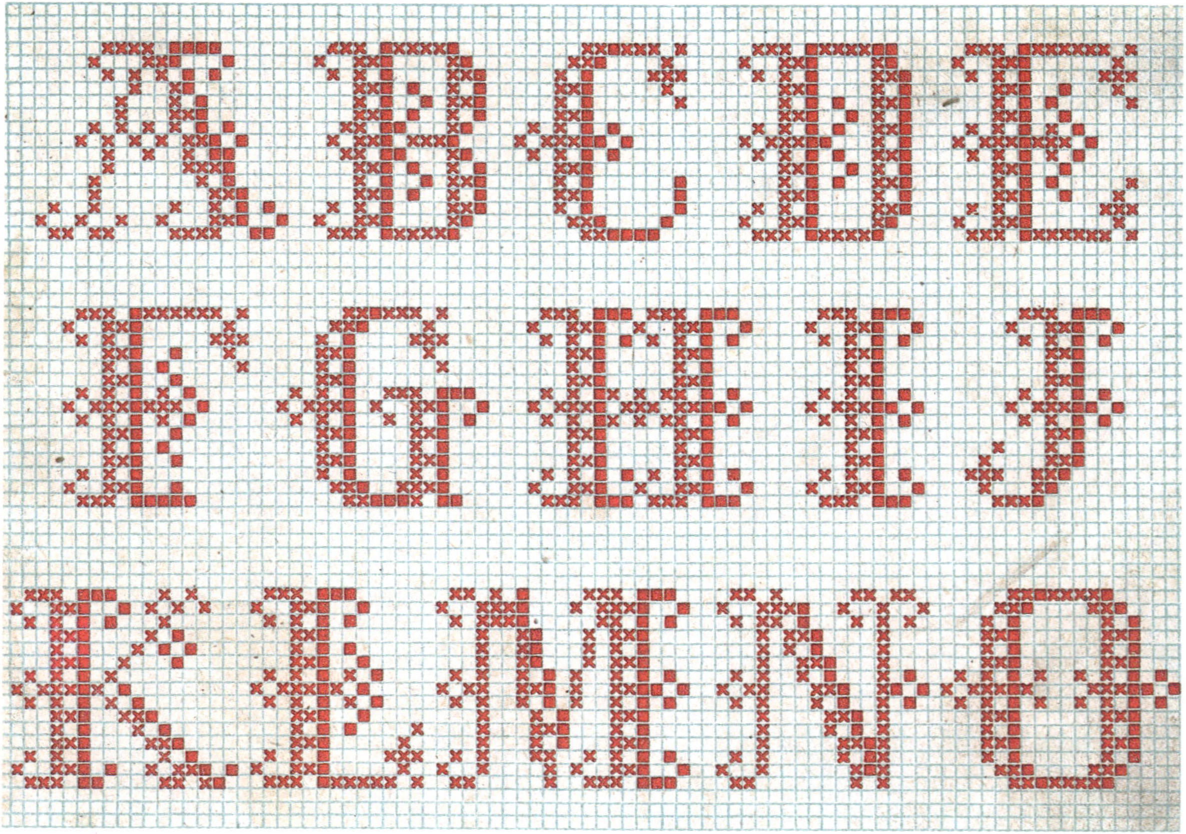

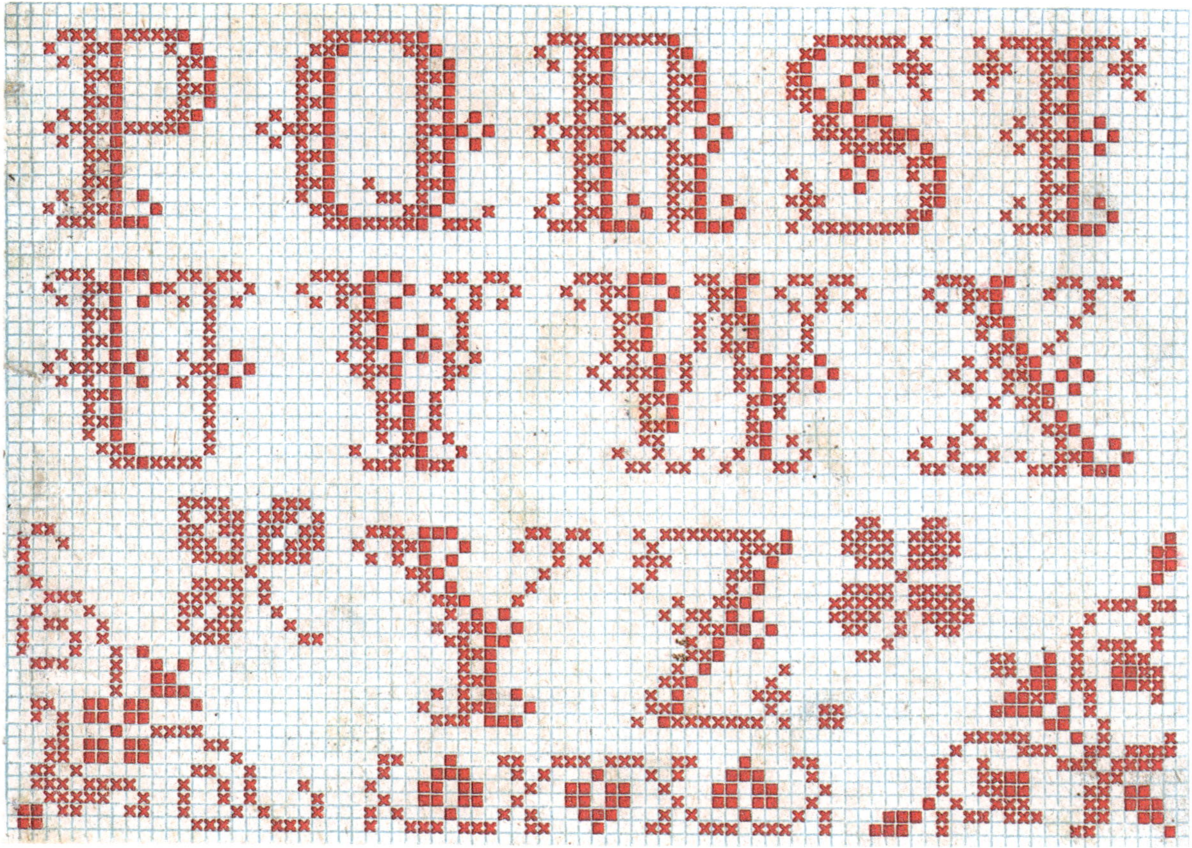

Versalien P bis Z und einfache, aber wirkungsvolle Verzierungen

Gewöhnliche Kleinbuchstaben und Zahlen

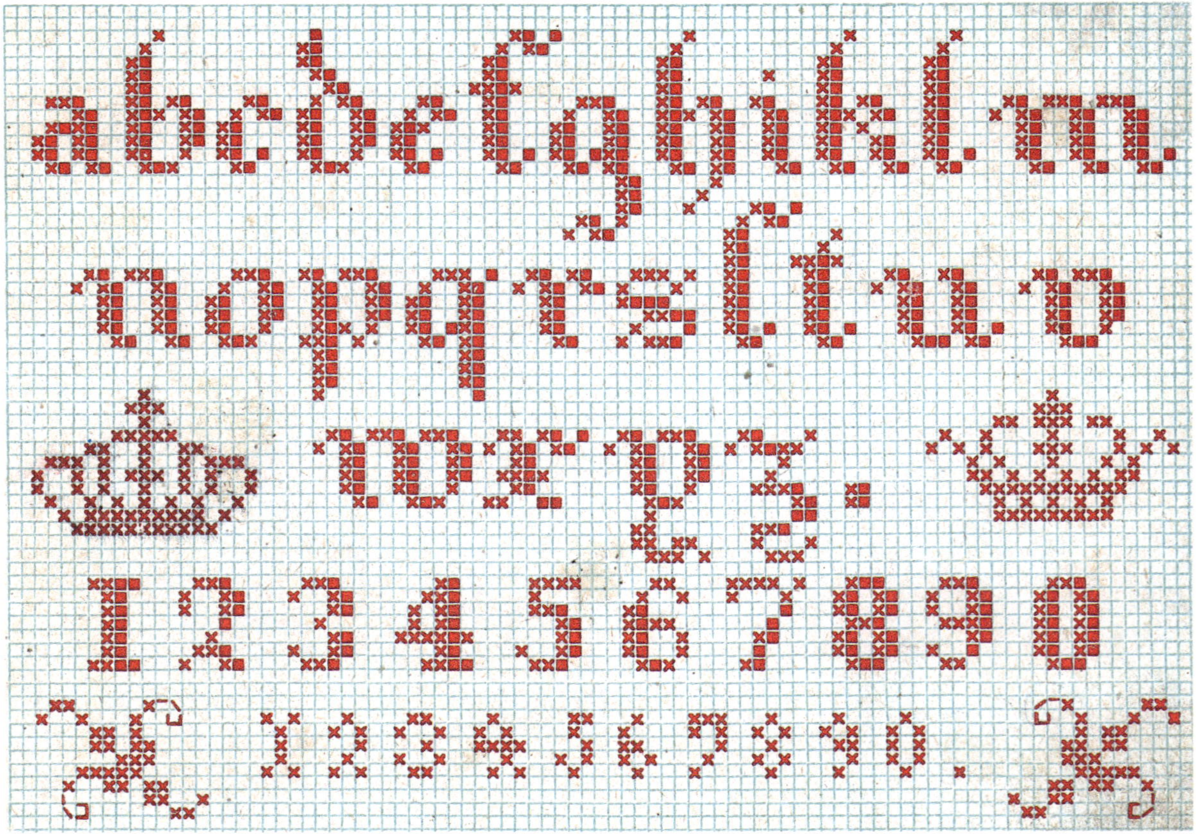

Schreibschrift, verbunden mit floralen Kanten. Die Linien werden im Holbeinstich ausgeführt.

Dichte und aufgelockerte Blütenranken in zwei Farben

Geometrische Kanten und Blütenranken in zwei Farben

Stilisierte Blumen- und Eckmotive

Vom Einzelornament
zur Blütenranke

Unterstich.
Deckstich.
Doppelkreuz.
Einf. Kreuz

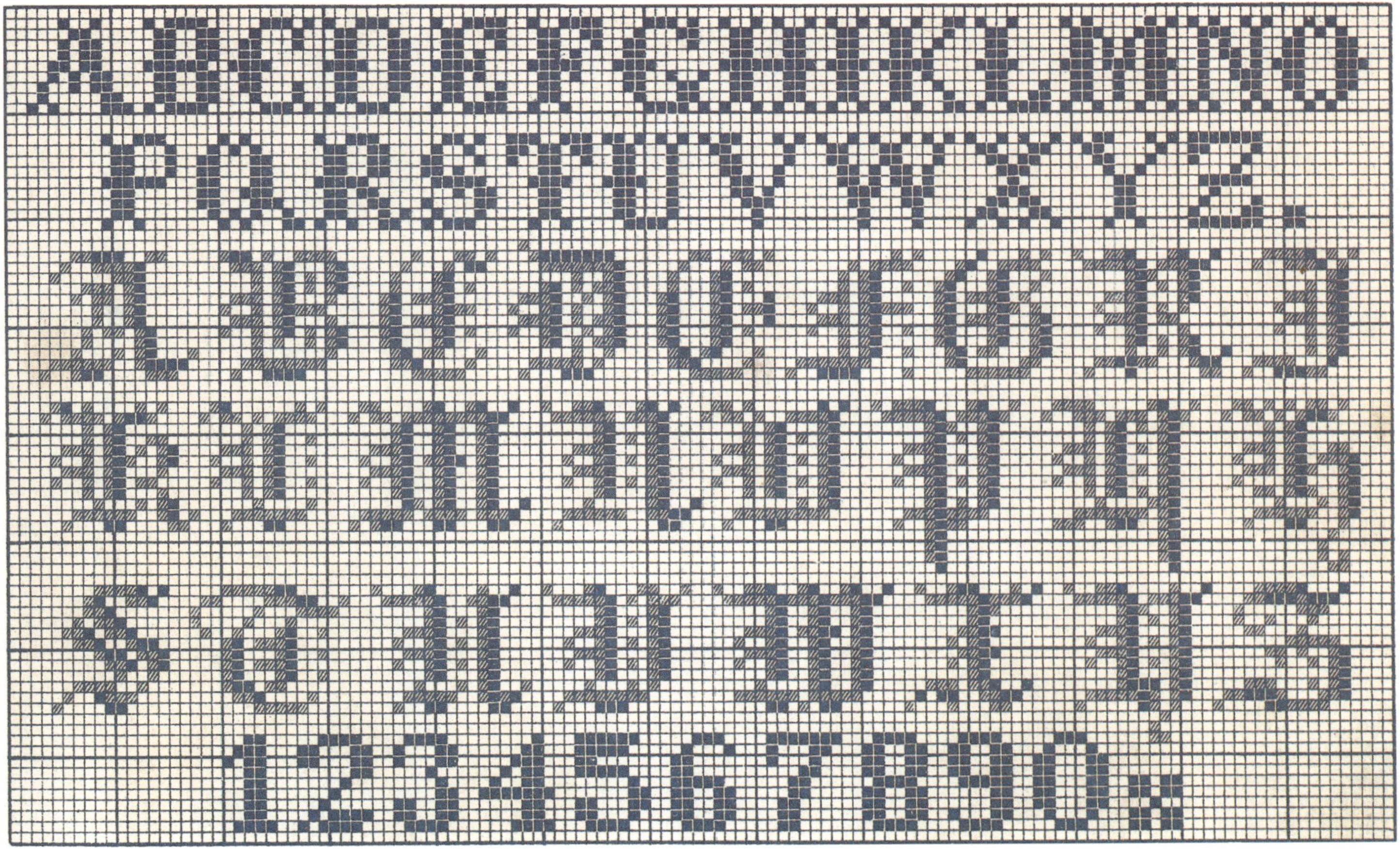

Mit Gott.

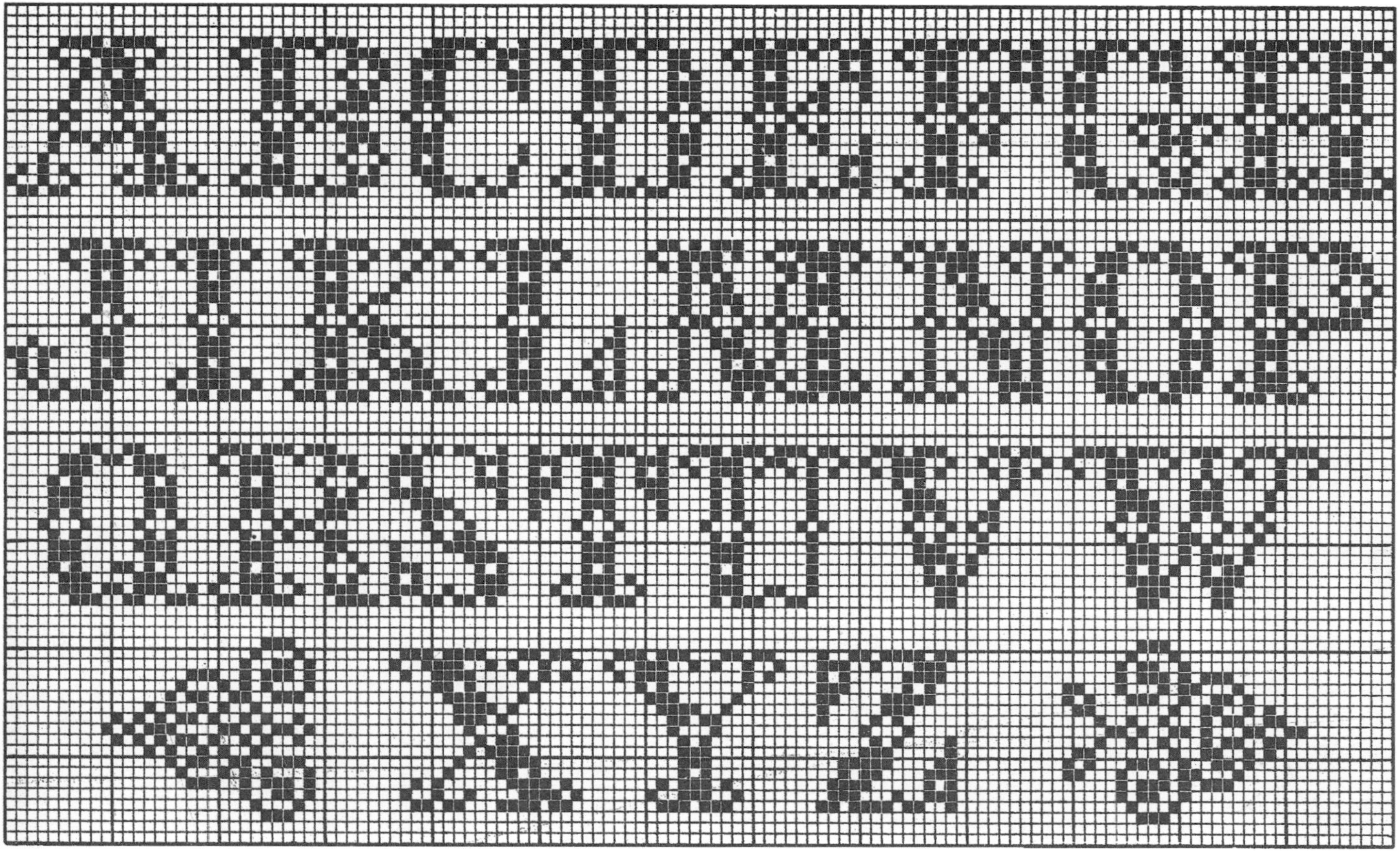

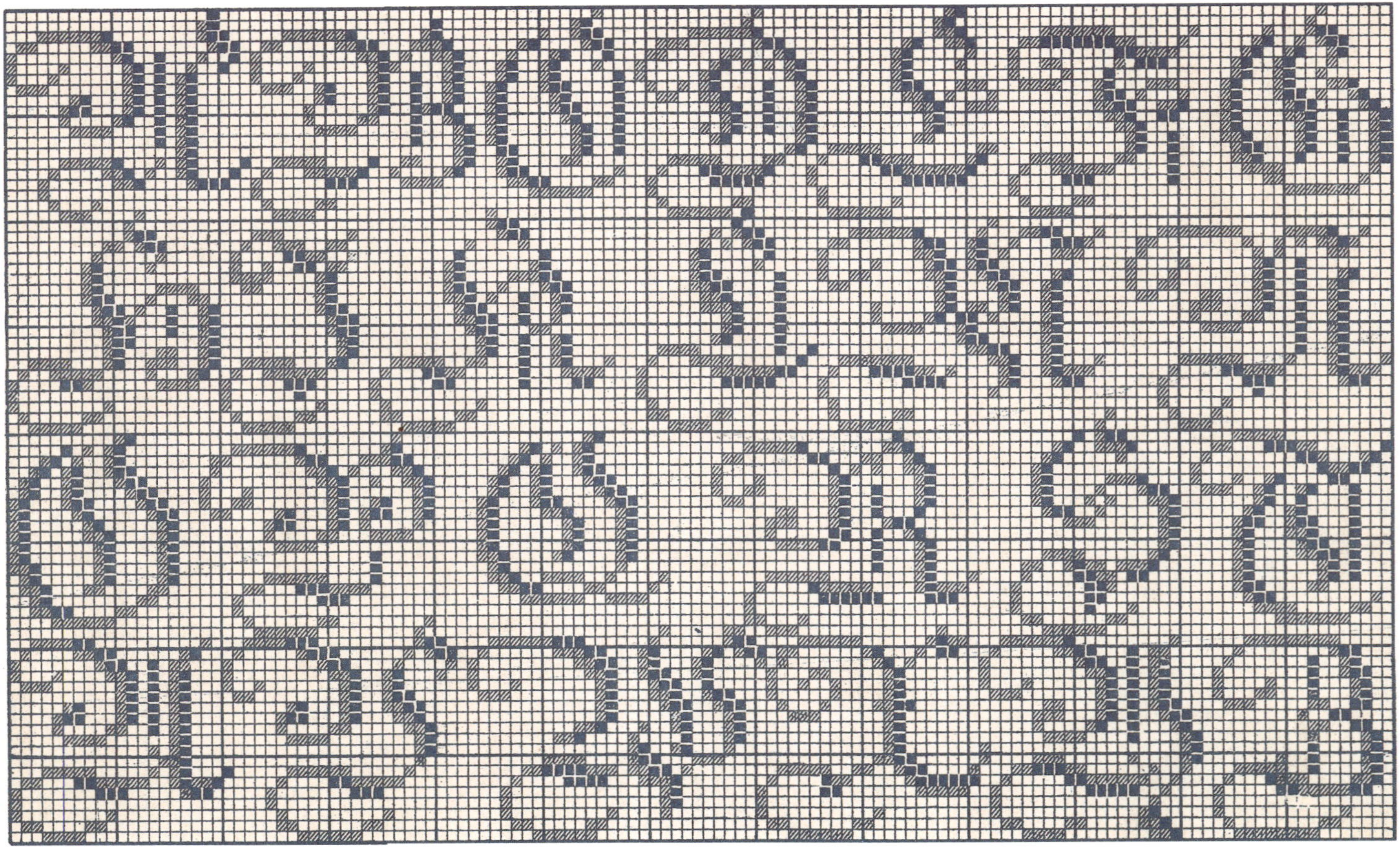

Mitte
Eckbildungen.

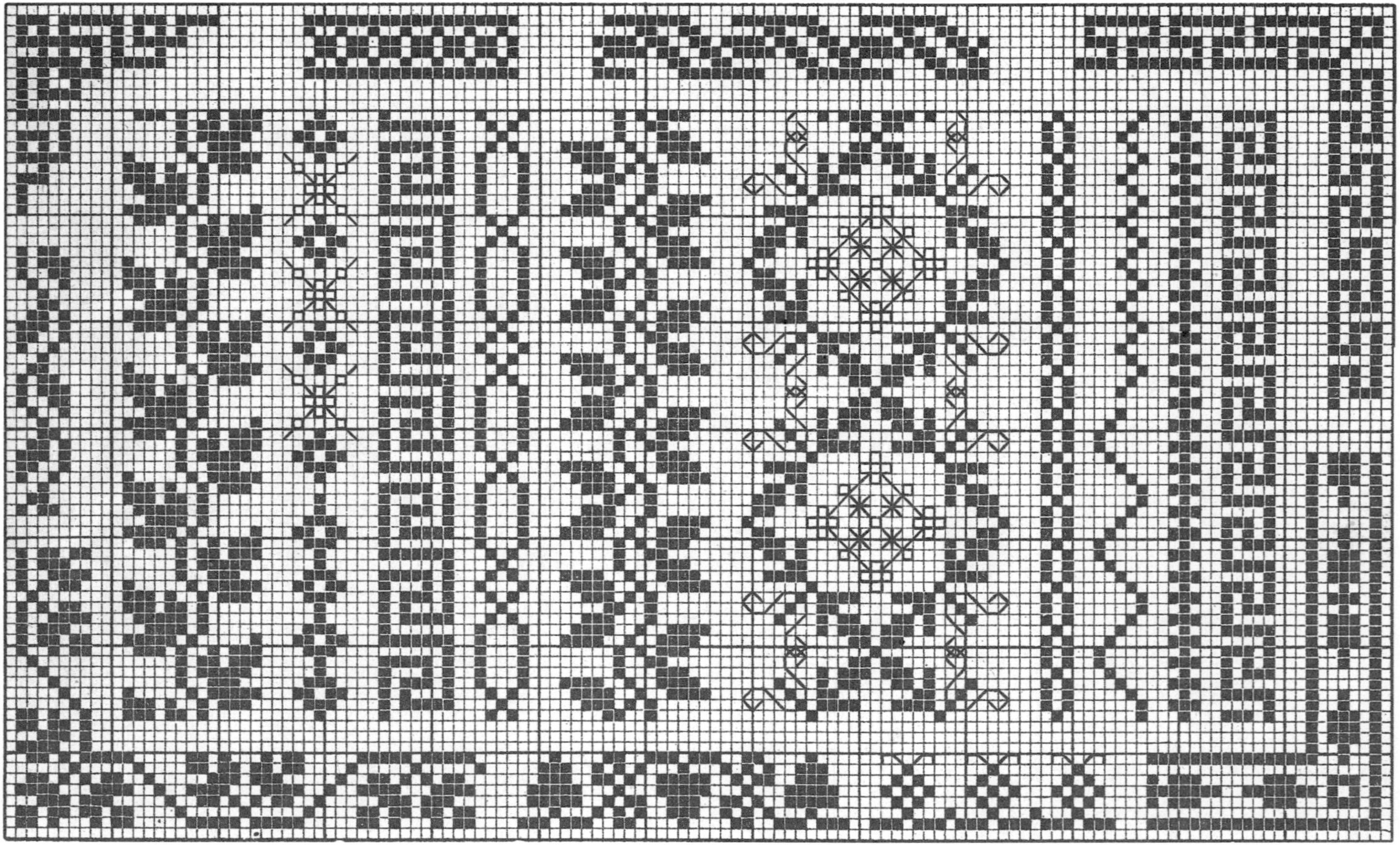

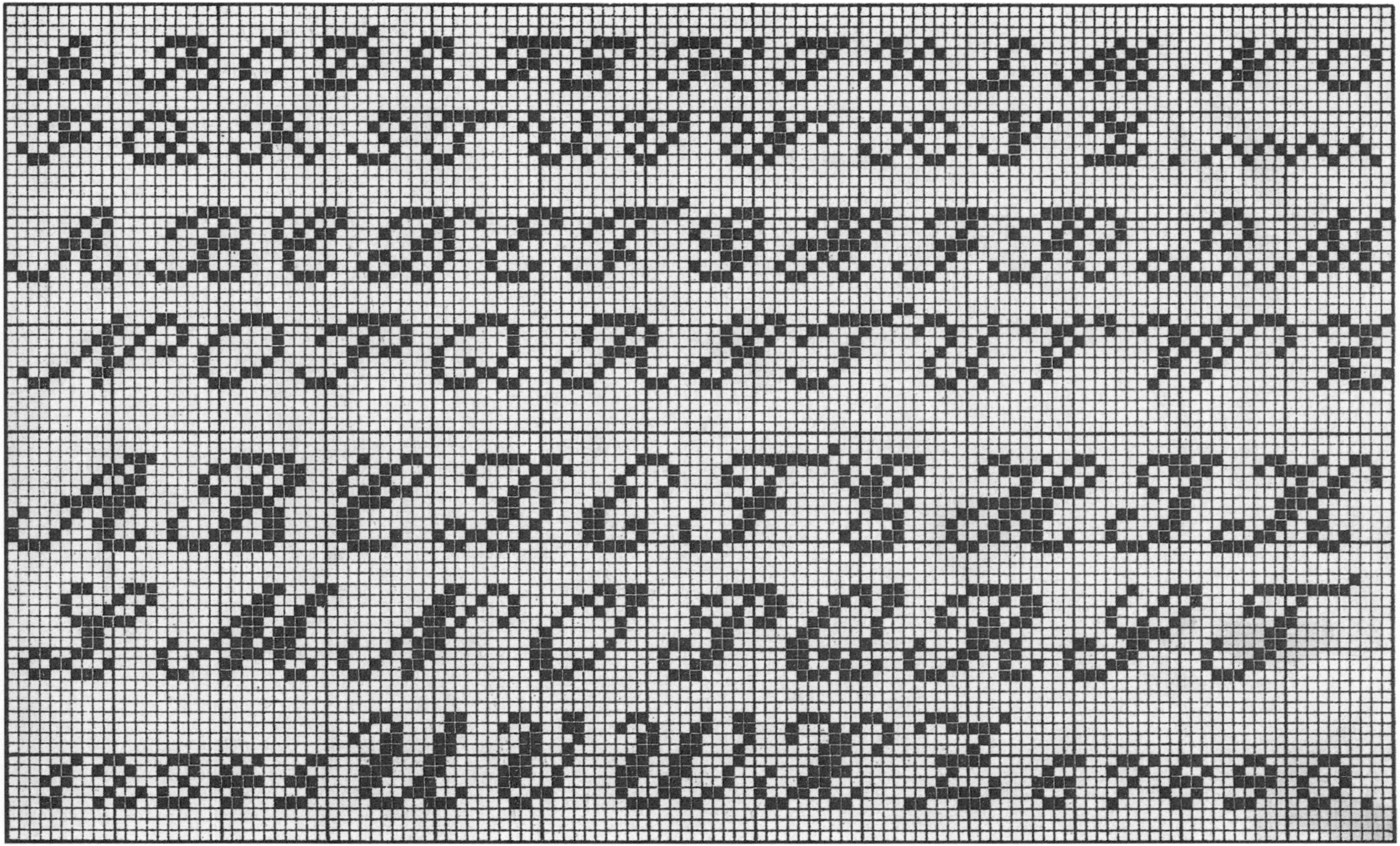

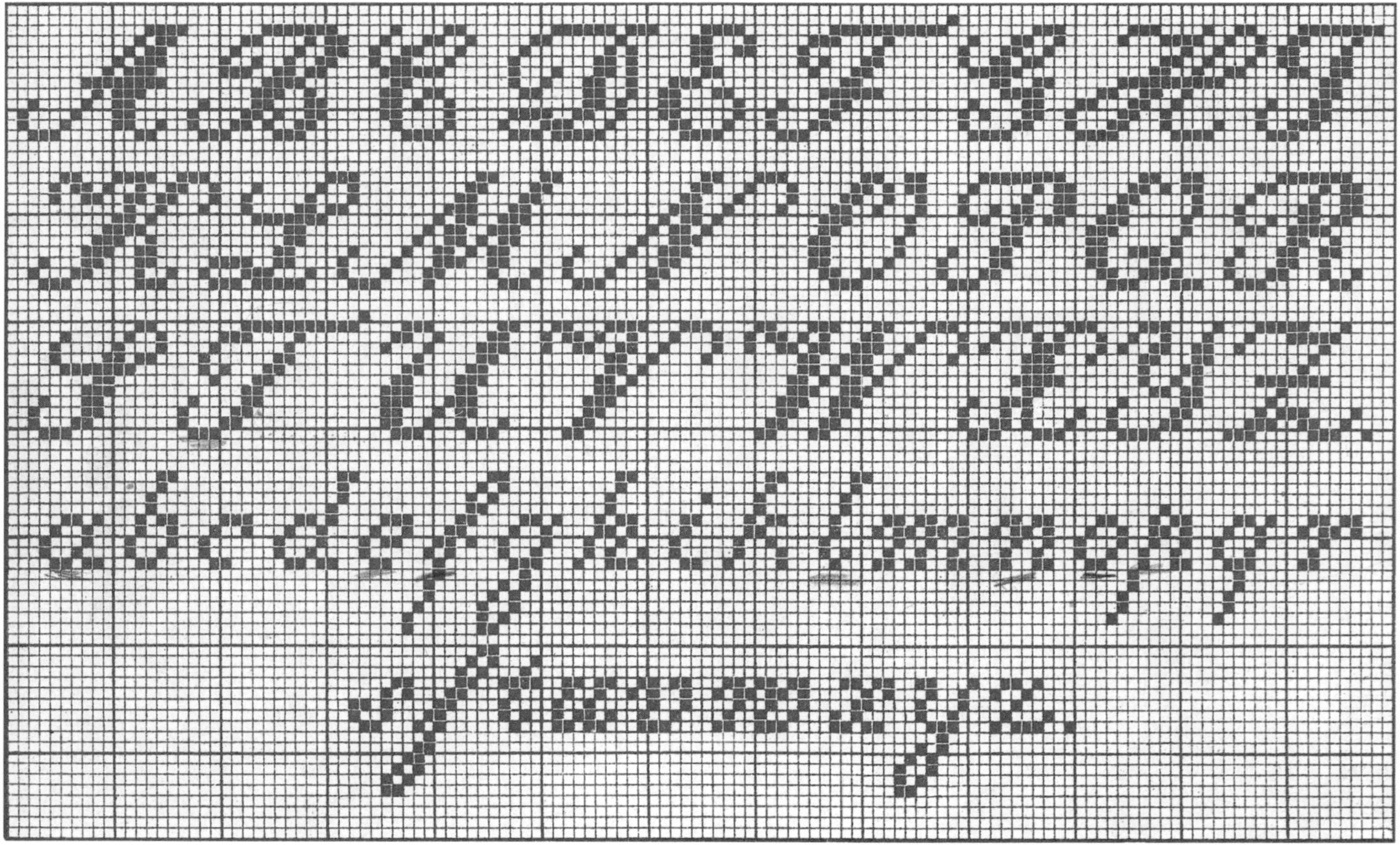

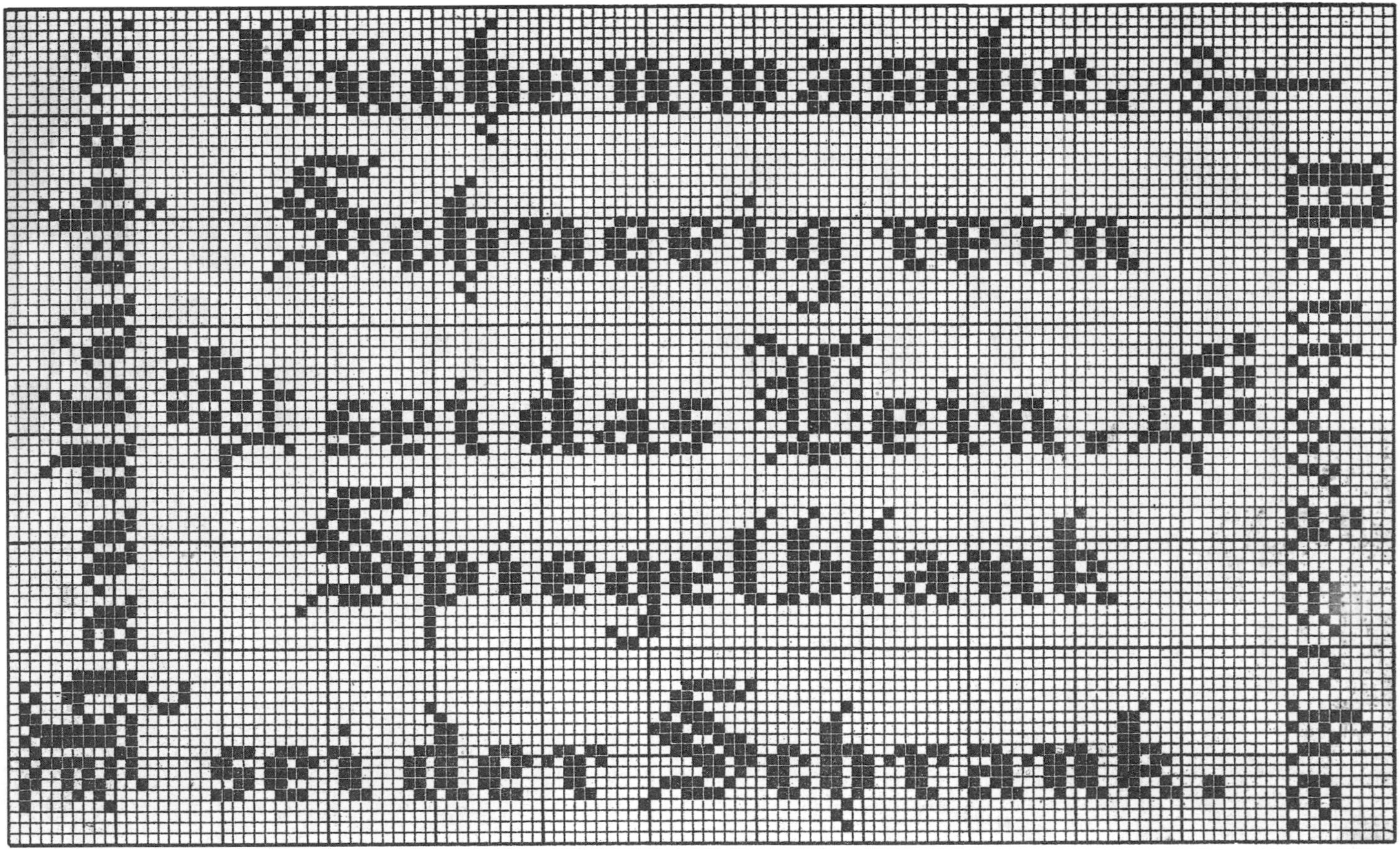
Küchenwäsche,
Schneeig rein.
sei das Lein,
Spiegelblank
sei der Schrank.

Träume süß.
Guten Morgen.
Sich regen bringt Segen
Erst erwägs dann wags.
1 2 3 4 5 6 7 8 9 0.

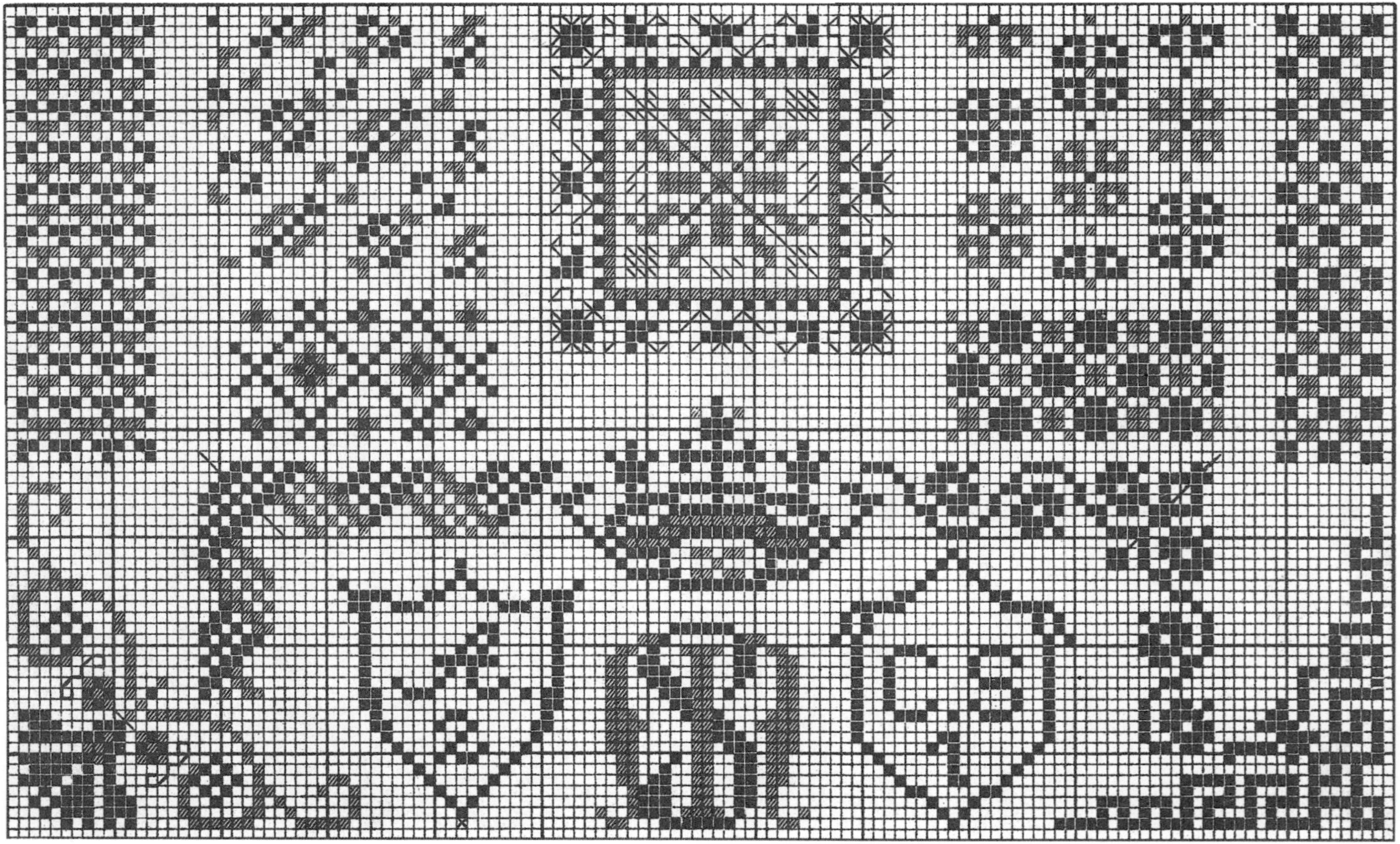

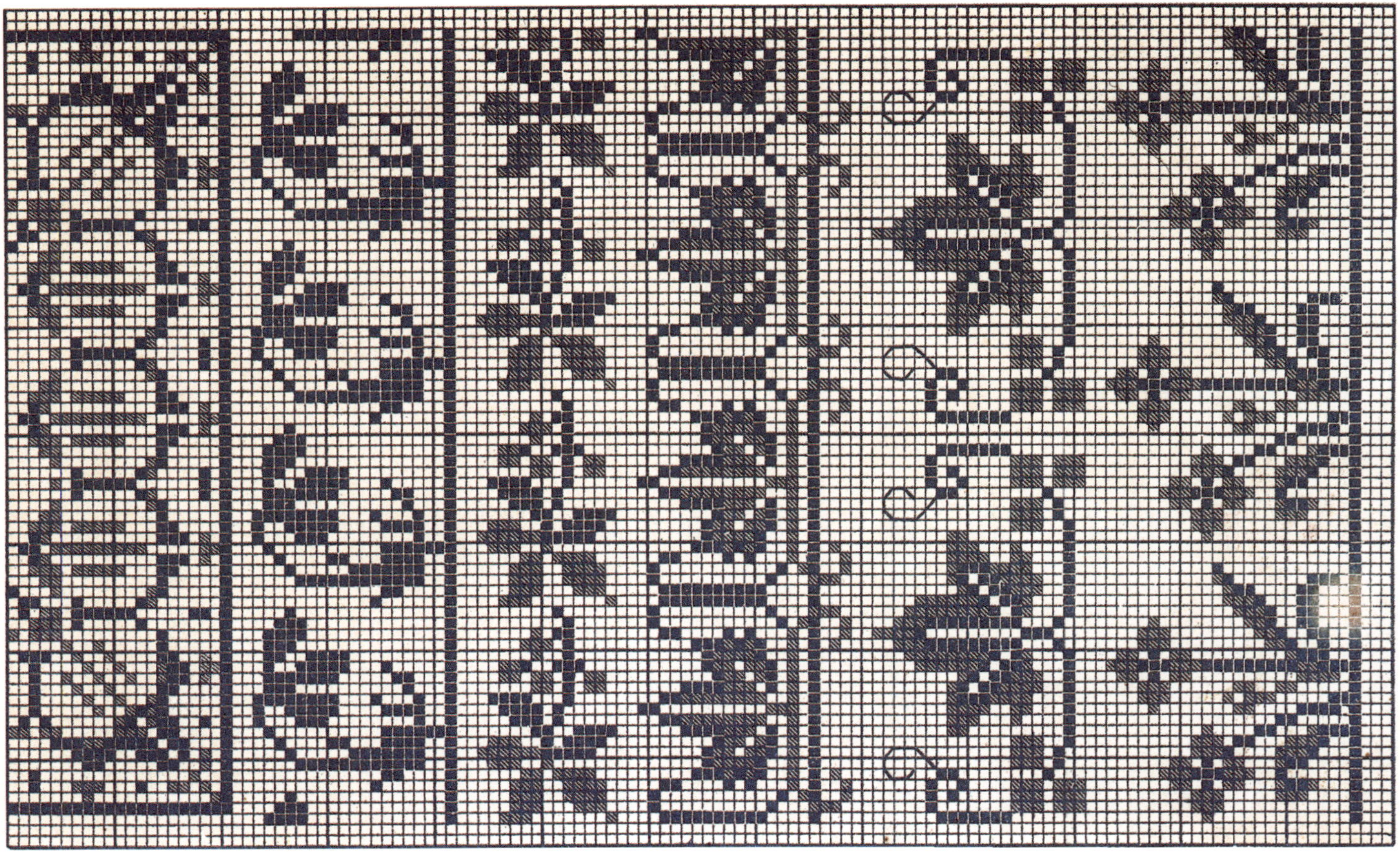

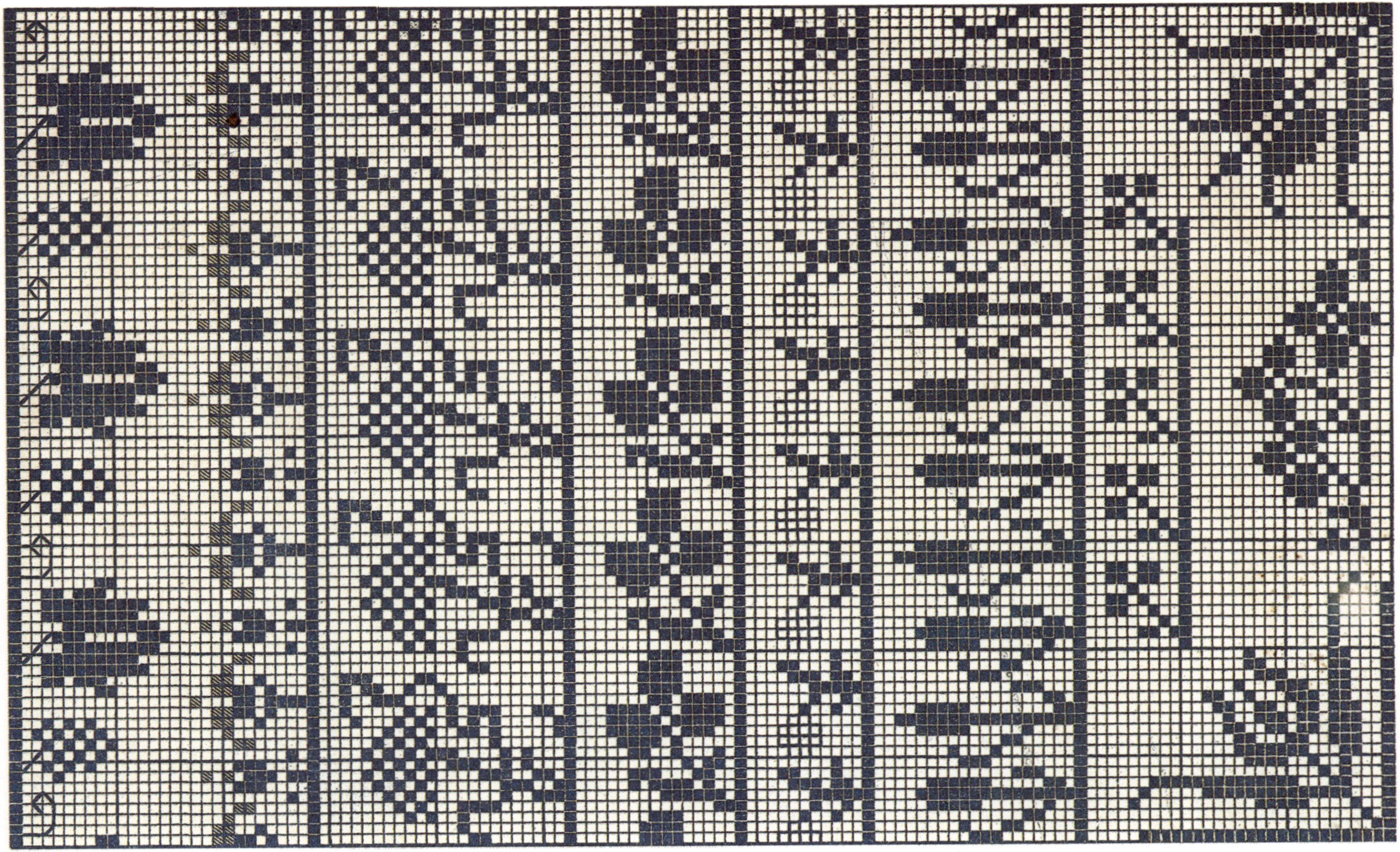

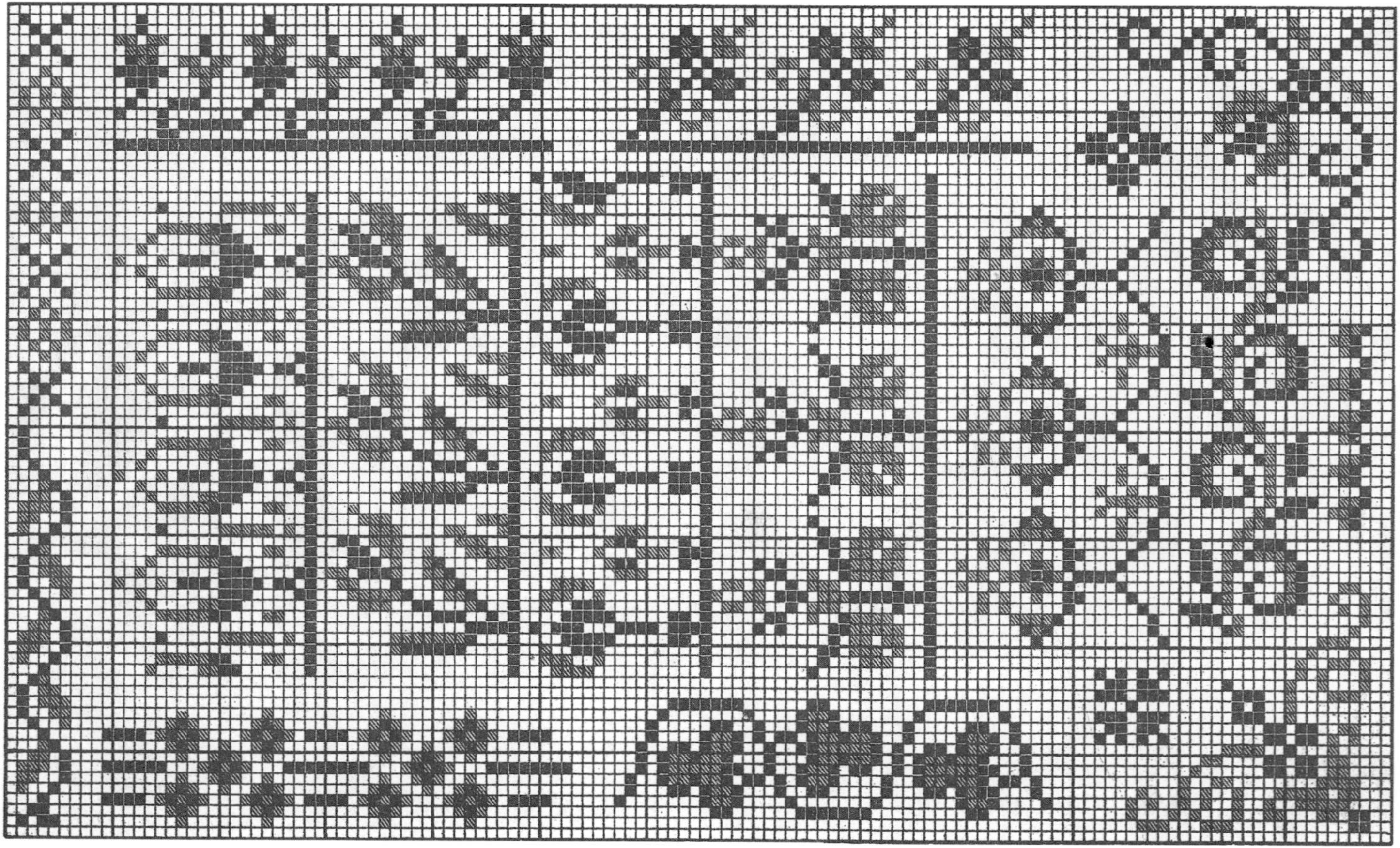

Die Buchstaben werden plastisch durch unterschiedliche Farbe. Der Buchstabe A wurde mit 24 Buchstaben variiert. Besonders gelungen ist das Monogramm AP, Verzierungen ergänzen es.

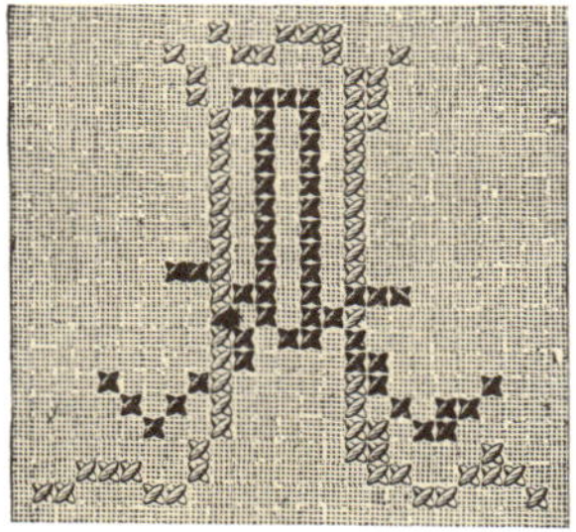

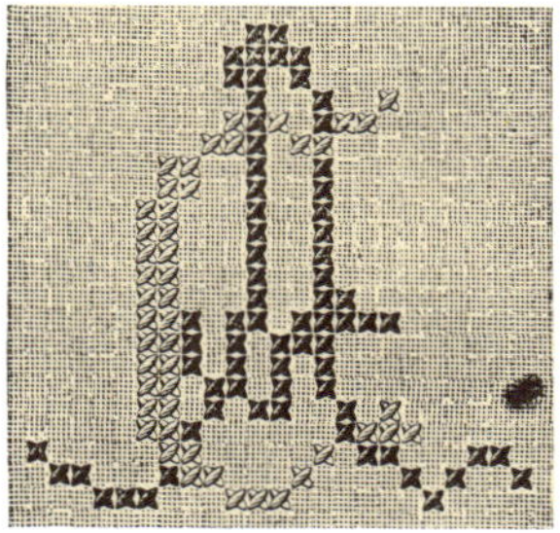

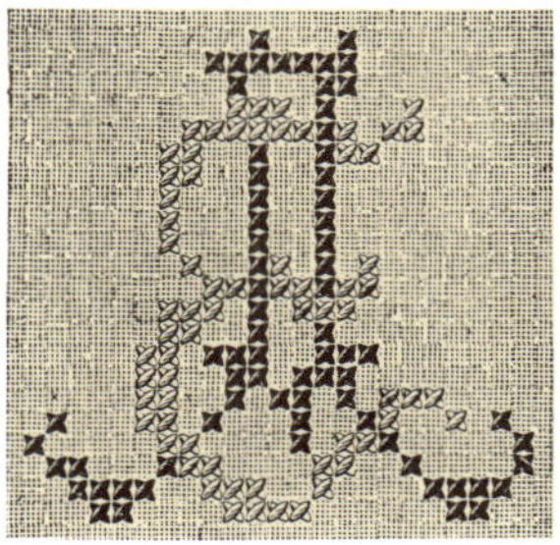

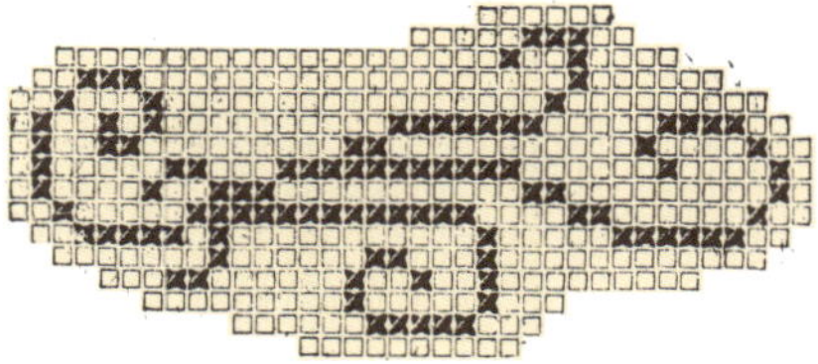

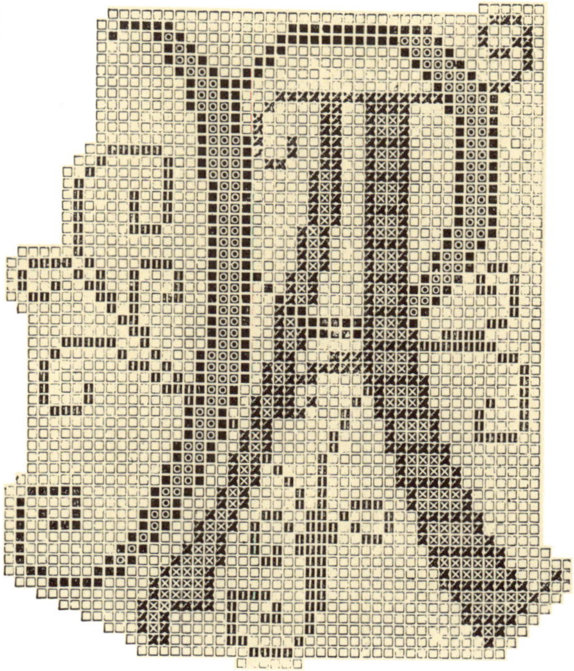

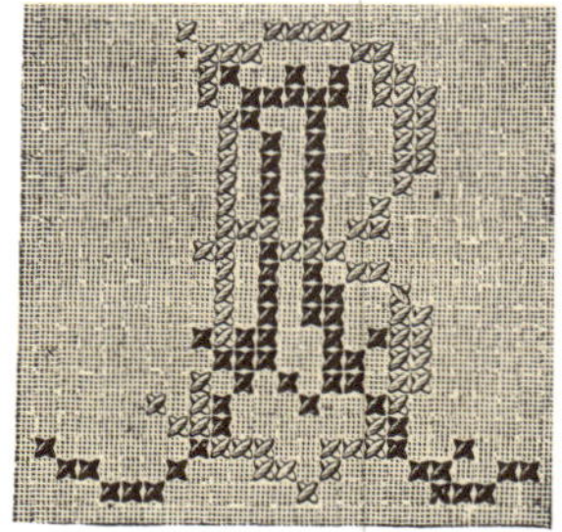

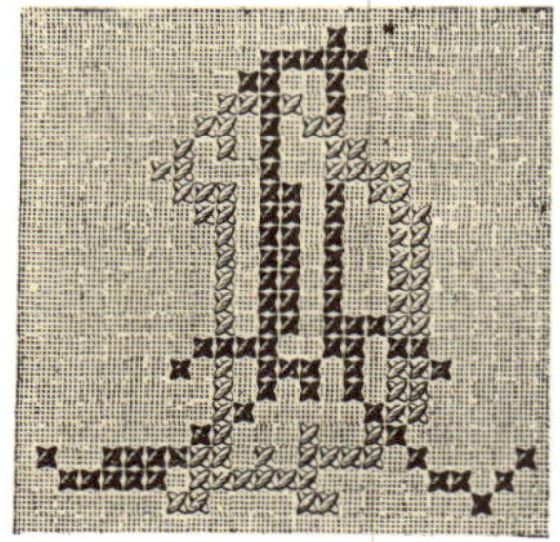

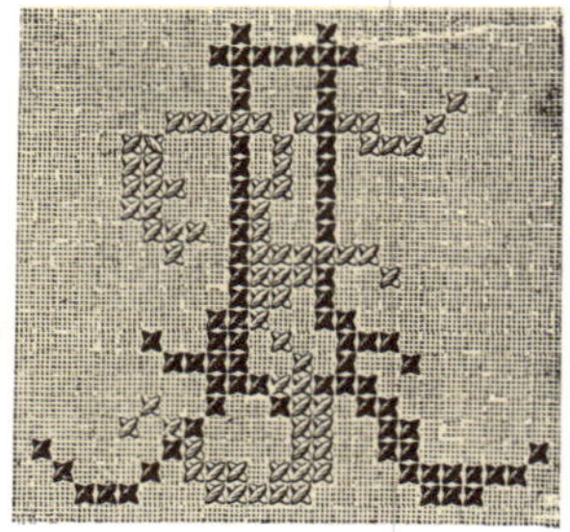

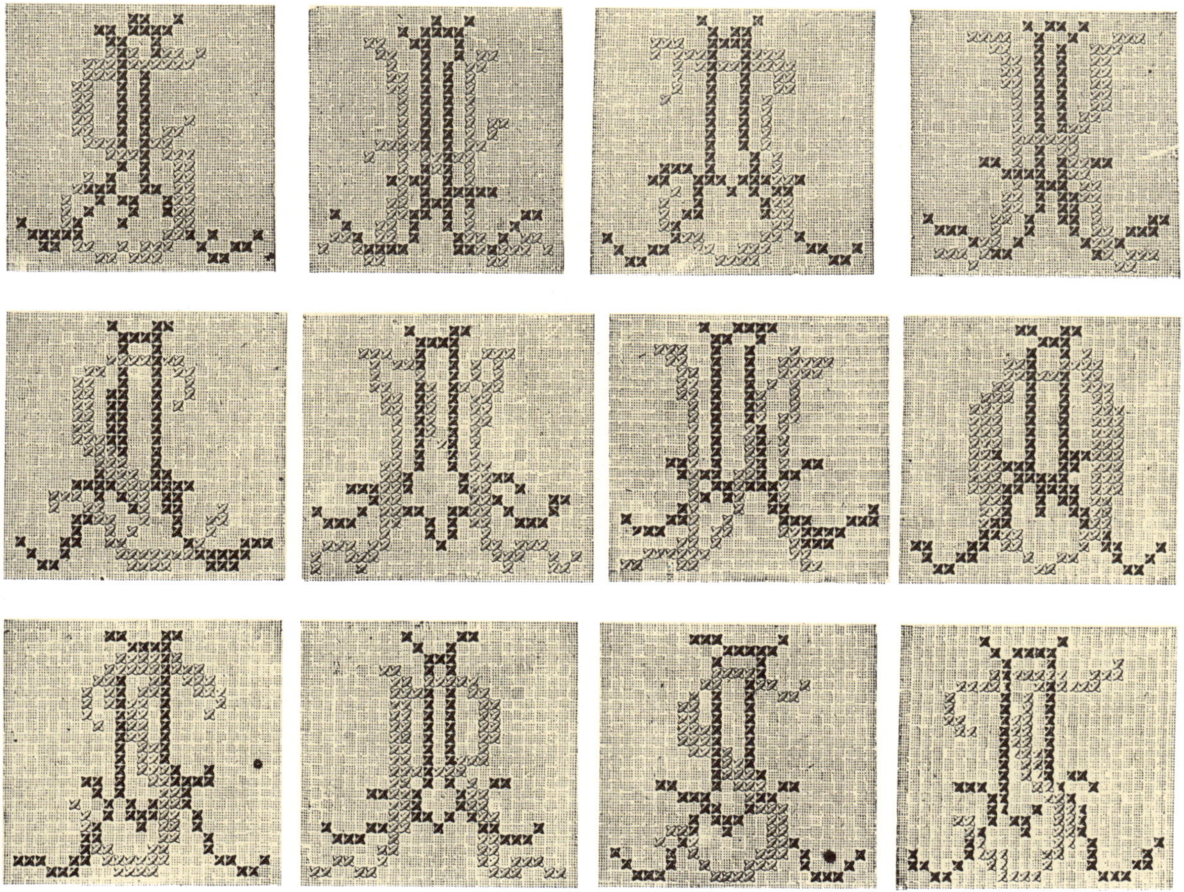

Monogramme aus dem Buchstaben A. Die Kombination mit J ist nicht dargestellt, durch Verlängerung kann aus dem I ein J entstehen.

Weitere Monogramme aus dem Buchstaben A und ein dekoratives RI.

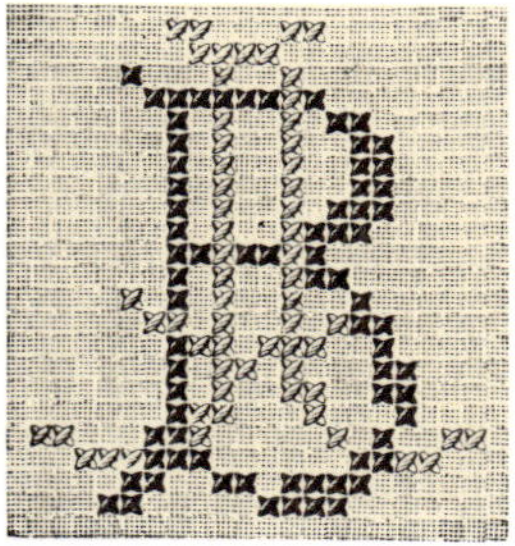
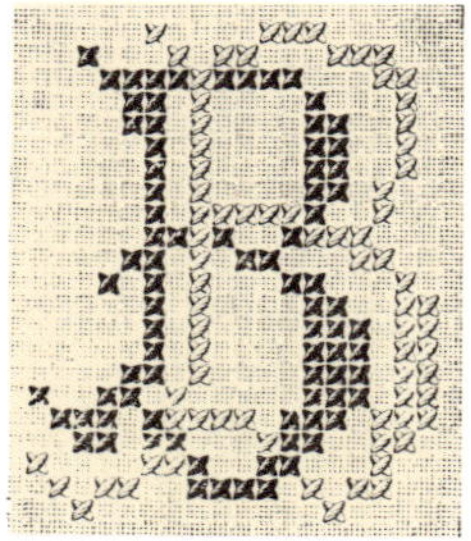
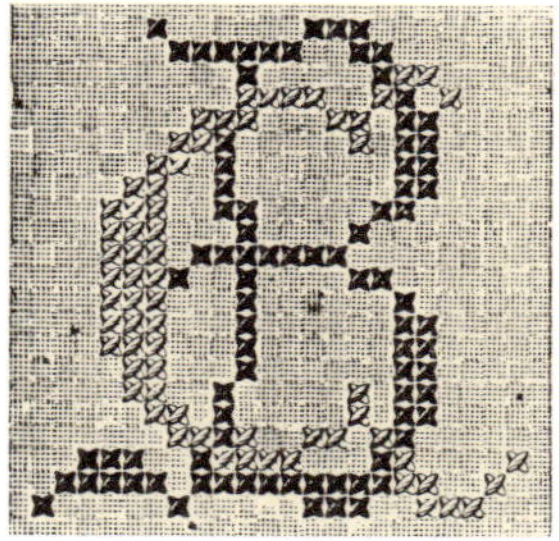

Der Buchstabe B
ist hier von A bis M
variiert.

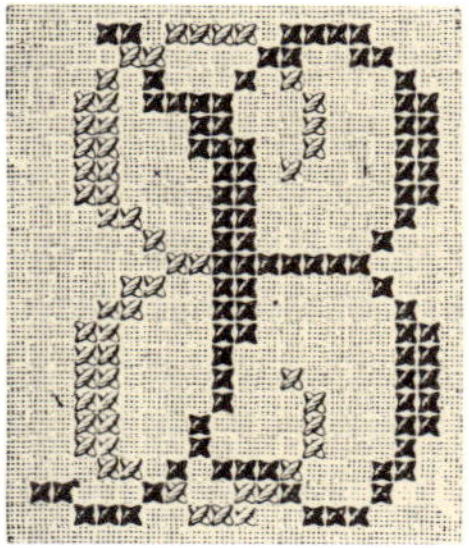
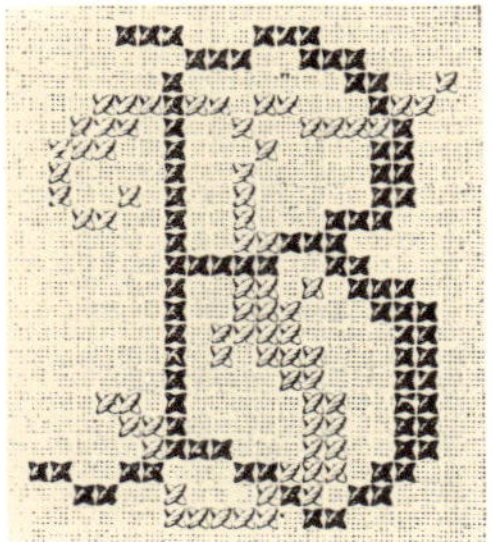
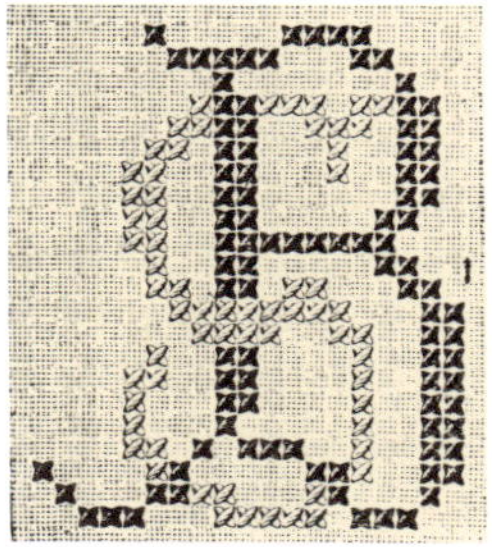
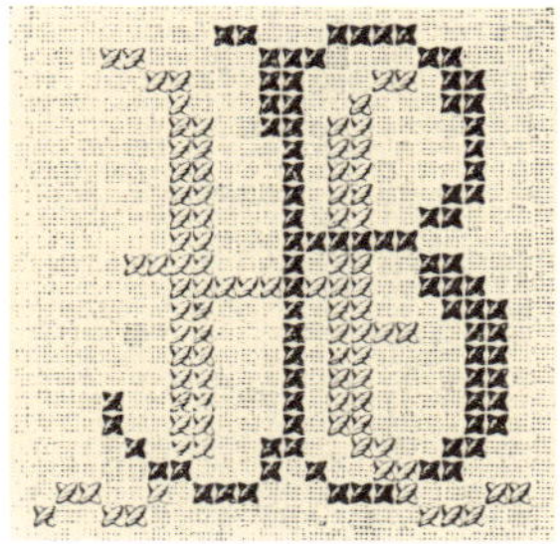
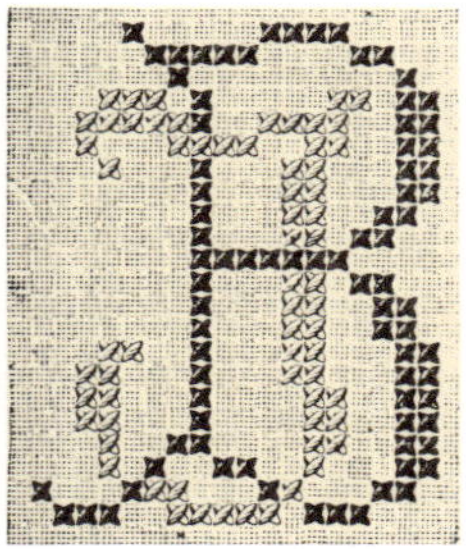
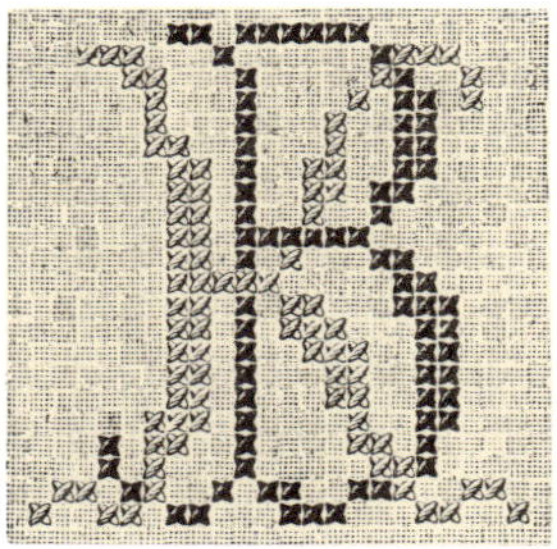
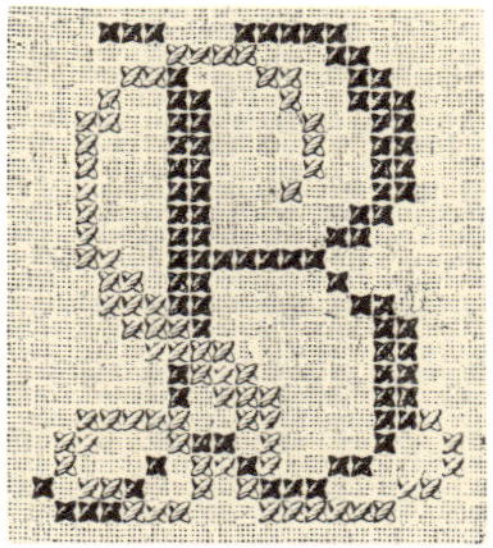
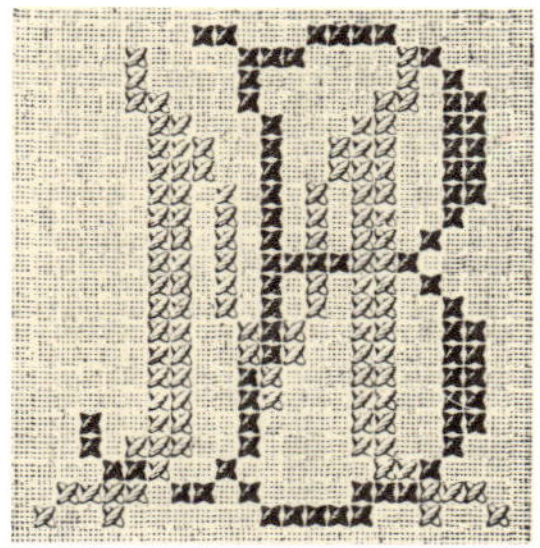

Monogramme aus BN bis BY

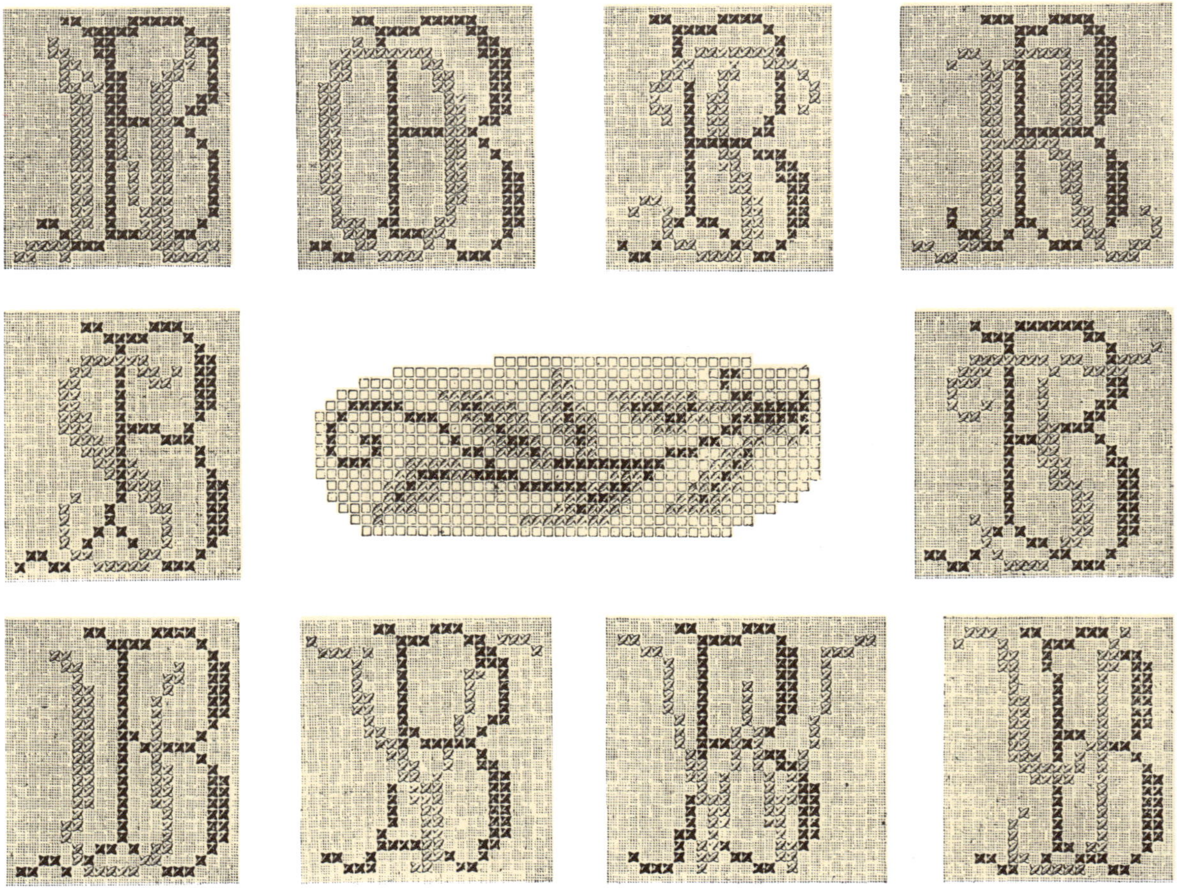

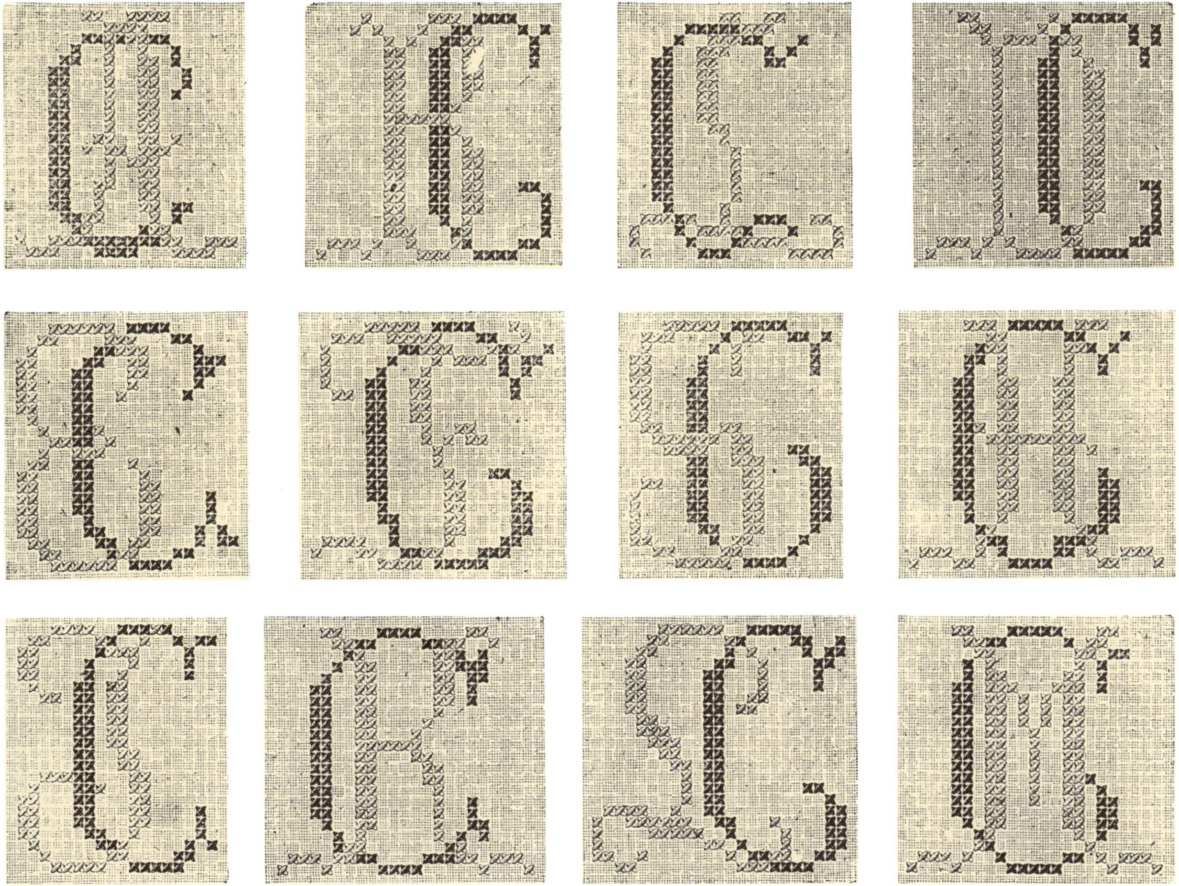

Der Buchstabe C ist hier von A bis M variiert.

Monogramme
CN bis CY

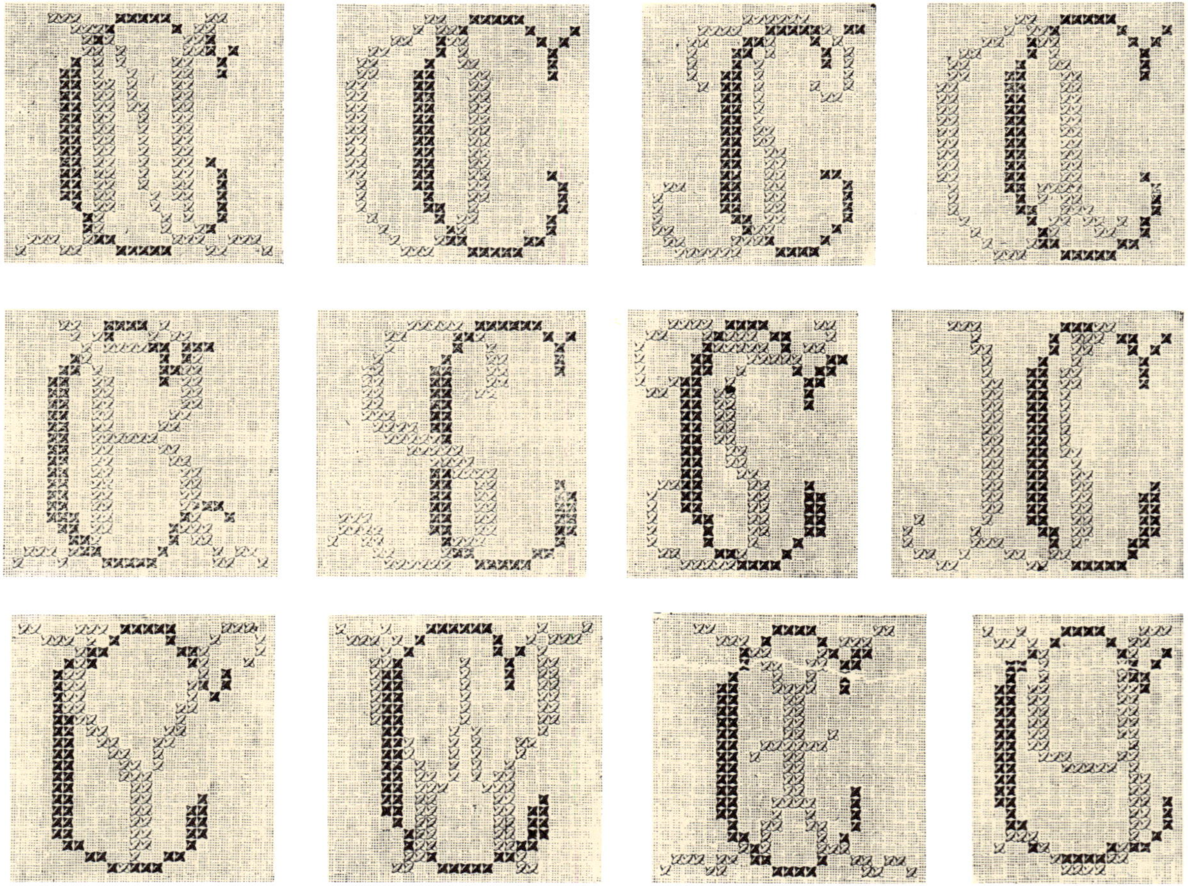

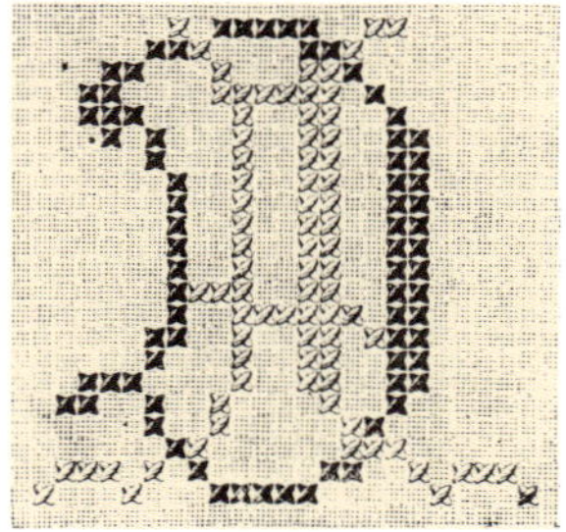

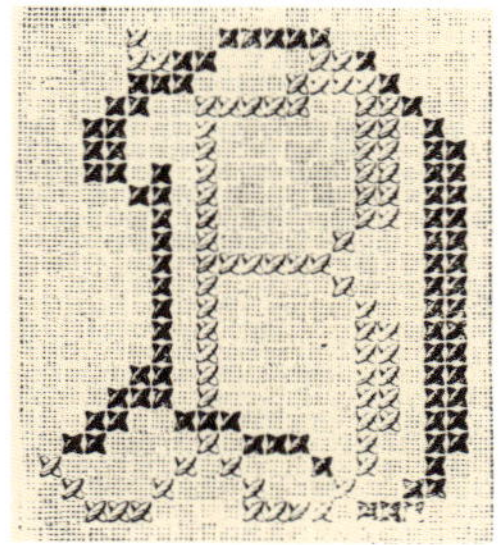

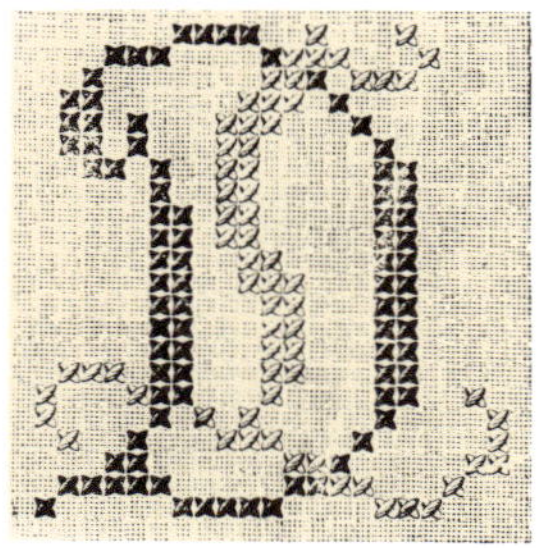

Das AD in einer besonders großen und dekorativen Monogramm-gestaltung.

Monogramme
von DQ bis DZ